国别中高等教育研究丛书 | 主编 李 锵 杜修平

中高等教育研究（中西亚）

RESEARCH ON MIDDLE AND HIGHER EDUCATION (CENTRAL AND WESTERN ASIA)

主 编 张丽媛 范晓倩
副主编 陈灏琳 殷 悦 于博洋

天津大学出版社
TIANJIN UNIVERSITY PRESS

图书在版编目（CIP）数据

中高等教育研究. 中西亚 / 张丽媛, 范晓倩主编 ; 陈灏琳, 殷悦, 于博洋副主编. -- 天津 : 天津大学出版社, 2024. 10. -- (国别中高等教育研究丛书 / 李锵, 杜修平主编). -- ISBN 978-7-5618-7869-9

Ⅰ. G639.1; G649.1

中国国家版本馆CIP数据核字第2024BP5113号

出版发行	天津大学出版社
地　　址	天津市卫津路92号天津大学内（邮编：300072）
电　　话	发行部：022-27403647
网　　址	www.tjupress.com.cn
印　　刷	北京虎彩文化传播有限公司
经　　销	全国各地新华书店
开　　本	787mm×1092mm　1/16
印　　张	9.75
字　　数	231千
版　　次	2024年10月第1版
印　　次	2024年10月第1次
定　　价	48.00元

总序

General Preface

区域国别学的天大探索

区域国别学是一个既有悠久学科传统，又有“初生之气”的重要学科，具有服务国家战略和社会发展的重要属性。中国对域外问题的研究虽有较为久远的历史，但是过往研究存在内容分散、不成体系的问题，既不能为国家经济建设和社会发展提供智力支持，也难以满足民众对域外世界的认知需求。尤其是在当代，随着中国国力日盛，无论是政府，还是社会，或是学术界，都对域外世界产生了新的认知需求，迫切希望形成具有中国特色的认知世界的视角、方式与体系。2022 年 9 月，国务院学位委员会、教育部印发《研究生教育学科专业目录（2022 年）》，确定将区域国别学纳入交叉学科一级目录，这开启了区域国别学的新篇章。以区域国别学为视角开展的学术研究和学科建设正在兴起，关于域外国家和地区的政治、经济、社会、文化的某一侧面、某一领域特殊性的传统研究和传统学科得到整合，以一种全新的面貌进入人们的视野。

在此背景下，以跨文化比较视野为引导，系统开展中高等教育制度的区域国别学探索显得愈发必要。一方面，这是提升区域国别研究水平的内在要求。区域国别研究不仅需要对个别领域进行深度挖掘，更需要结合多方面因素形成对某一国家或地区的整体性认识。相较于政治、经济、文化、社会等领域，我们对域外教育制度的探索稍显滞后。这就犹如决定木桶容量的那块“短板”，直接影响着区域国别研究的整体深度与质量。另一方面，这是教育区域国别研究充分彰显时代价值的必然要求。当前，教育国际化已成为一种重要的发展趋势，国际化人才培养迫切需要深入了解特定国家或地区的中高等教育制度，建立与域外国家或地区中高等教育制度相衔接的方案，以更科学合理的培养体系培育更优秀的国际化人才。同时，中国也需要在与域外国家或地区的比较中，明确具有中国特色的教育制度的发展方向，并合理地借鉴域外优秀的教育经验。对这些问题的探索，均需要建立在对域外中高等教育制度进行系统把握的基础上，这正是开展中高等教育制度区域国别学探索的一个主要原因。

正是基于对区域国别学学科发展新趋势和新问题的科学认识，基于对区域国别学学科使命的准确判断，天津大学国际教育学院秉持“实事求是”的校训，近年来一直致力于中高等教育制度区域国别探索工作。我们以学院的教师力量为支撑，以服务国家战略和社会发展需求为宗旨，编撰出版“国别中高等教育研究”丛书，包括《中高等教育研究（东亚）》《中高等教育研究（南亚）》《中高等教育研究（东南亚）》《中高等教育研究（中西亚）》等一系列分册，希望在推动我国区域国别学学科建设，为国家与社会发展提供有力智力支持的同时，为来华留学生生源质量的稳步提升提供有益参考。

李　锵

天津大学国际教育学院

2024 年 5 月 1 日

前言

Preface

在全球化日益深化的今天，教育作为国际交流与合作的重要桥梁，承担着推动人类文明进步的重任。2013 年，习近平总书记提出共建“一带一路”倡议。共建“一带一路”倡议秉持和平合作、开放包容、互学互鉴、互利共赢的理念，全方位推进与共建国家的务实合作与交流。本书涵盖了哈萨克斯坦、土耳其、乌兹别克斯坦、也门四国，它们以独特的历史文化和社会制度发展轨迹，形成了各具特色的中高等教育制度。这些制度彰显了四国在政治、经济、文化等方面的独特之处。通过研究，我们可以更好地了解不同国家的文化差异、教育理念以及教育模式，从而在教育与文化方面加强了解、取长补短，促进交流与合作。全书分四章，分别对哈萨克斯坦、土耳其、乌兹别克斯坦、也门的中高等教育制度进行了深入的研究。

哈萨克斯坦，是世界上国土面积最大的内陆国，横跨亚、欧两大洲，同时与我国西部接壤，是共建“一带一路”倡议中的永久全面战略伙伴。中国与哈萨克斯坦在经济、能源、教育等领域的交流合作日益深化。

土耳其横跨欧、亚两大洲，具有贯通东西方的枢纽性地缘战略地位，其地理位置和地缘政治战略意义极为重要。中国与土耳其的关系源远流长，自 1971 年 8 月 4 日两国建交以来，双边关系发展较快。基于深厚的历史基础和广泛的共同利益，中国和土耳其保持着稳定发展的战略合作关系，双方在政治互信、经贸合作、人文交流等多个领域不断深化合作。

乌兹别克斯坦位于中亚内陆，与中国山水相连、文化相通、理念相近。乌兹别克斯坦资源丰富，地理位置优越，中乌之间的经济、教育合作对两国的发展以及整个中亚地区产生深远的影响。

中国和也门之间有着悠久的交往历史，两国在古代丝绸之路的贸易往来中已开始建立联系，随着现代外交关系的建立，中国与也门的合作逐渐加强。近年来，两国在经济、文化、技术等领域的合作不断拓展，同时在教育、医疗和人道援助等方面的交流也不断深化。这种多层次的合作交流不仅推动了两国的共同发展，也促进了中东地区的稳定与繁荣。深入了解也门的教育制度，可以为中文教学的推广提供更具针对性的策略和解决方案，从而促进中文在也门的推广，加深中国和也门之间的教育合作。

本书采用定性和定量相结合的研究方法，通过问卷调查、访谈收集一手数据，然后进行数据分析并阐释结果；基于翔实的数据，通过可视化图表进行论证，展现出实证研究的特色。每章率先介绍各国的地理位置、行政区划、人口、民族、语言、文化和经济等基本情况，随后详细介绍各国中高等教育制度，包括初中、高中、大学本科及研究生教育。本书还关注了中高等职业教育情况以及中文教育在各国的发展历史与现状，并调查了四国学生出国及来华留学的情况。本书中部分数据因计算时的四舍五入，存在总计与分项合计不等的情况。

本书编写人员大多长期从事国际中文教育工作，通过与海外同行以及所教授的留学生合作，搜集了大量一手资料，为本书的撰写提供了有力的支撑。在本书编写过程中，我们得到了海外同事和四国留学生的鼎力协助，也得到了天津大学国际教育学院的大力支持，同时听取了天津大学出版社编辑老师的中肯建议。在此，我们对他们表示衷心的感谢。

虽然我们在本书编写过程中竭尽心力，但书中仍难免存在疏漏之处，诚请各位专家和读者提出宝贵的意见和建议，以便有机会再版时，我们能进一步完善和提升。

本书编写组
2024 年 8 月 20 日

目录

Contents

第一章　哈萨克斯坦中高等教育研究

第一节　哈萨克斯坦国家概况

一、地理位置和行政区划

哈萨克斯坦共和国（The Republic of Kazakhstan）简称哈萨克斯坦（Kazakhstan），位于欧亚大陆接合部，是世界上最大的内陆国，绝大部分国土在亚洲，很小部分在欧洲。该国西部的阿特劳市横跨两大洲的界河——乌拉尔河，生活在这里的居民一旦渡河，即从一个大洲跨到另一个大洲。哈萨克斯坦位于亚洲中部，西起伏尔加河下游，东至阿尔泰山，北起西西伯利亚平原，南至天山山脉。东西跨度约 3 000 千米，南北跨度约 1 700 千米。该国东部与中国毗邻，西濒里海，南与乌兹别克斯坦、土库曼斯坦和吉尔吉斯斯坦接壤，北与俄罗斯相邻。该国没有直接出海口，但从里海的阿克套港乘船，通过里海可到达阿塞拜疆、土库曼斯坦和伊朗，还可经过伏尔加河与伏尔加—顿河运河抵达亚速海和黑海。从这个意义上讲，哈萨克斯坦在水路上也与世界相连。

哈萨克斯坦幅员辽阔。该国统计署公布的资料显示，哈萨克斯坦国土面积为 272.49 万平方千米，约占世界陆地面积的 2%、亚洲面积的 6.1%；排在俄罗斯、加拿大、中国、美国、巴西、澳大利亚、印度和阿根廷之后，位列世界第九；在亚洲则排在中国和印度之后，位列亚洲第三。哈萨克斯坦国土面积相当于亚洲的伊朗、伊拉克和土耳其 3 国国土面积之和，超过欧洲 6 个主要大国（法国、英国、意大利、芬兰、瑞典和西班牙）国土面积的总和。哈萨克斯坦人为本国国土之辽阔而自豪。

哈萨克斯坦共有 17 个州、3 个直辖市。17 个州分别为阿拉木图州、阿克莫拉州、阿克托别州、阿特劳州、巴甫洛达尔州、曼吉斯套州、卡拉干达州、科斯塔奈州、克孜勒奥尔达州、江布尔州、东哈萨克斯坦州、图尔克斯坦州、西哈萨克斯坦州、北哈萨克斯坦州、阿拜州、杰特苏州、乌勒套州。3 个直辖市分别为阿斯塔纳、阿拉木图、奇姆肯特。

二、人口、民族和语言

截至 2024 年 8 月，哈萨克斯坦共有 2 016 万人，是中亚人口规模第二大的国家，仅次于乌兹别克斯坦。哈萨克斯坦人口密度较小，每平方千米约 7.4 人。人口分布不均，阿拉木图市的人口最多，增长速度最快。

哈萨克斯坦长期处于女多男少的状态。在城市，女性人口多于男性，男女比例为 46.9：53.1；在农村，男女人口数量基本接近，比例为 51.1：48.9。目前，哈萨克斯坦城市人口占 59.2%；农村人口占 40.8%。

哈萨克斯坦约有 140 个民族。根据 2022 年的全国人口普查结果，哈萨克族占总人口的 69.03%，俄罗斯族占 18.47%，乌孜别克族占 3.29%，乌克兰族占 1.3%，维吾尔族占 1.5%，塔塔尔族占 1.06%，其他民族占 5.35%。近年来，哈萨克族、乌孜别克族的人口比例有所增长，俄罗斯族的比例有所下降。2021 年哈萨克斯坦人口普查时，哈萨克族约有 1 340 万人，与 2009 年人口普查数据相比，增长 33.7%；俄罗斯族、乌克兰族、鞑靼族、日耳曼族等民族人口降幅较大。1991—2001 年，从哈萨克斯坦迁出的人口要远高于迁入的人口。这些出境的移民大部分是俄罗斯族人、乌克兰族人等非本土居民（也被称为“俄语居民”），主要去往独联体国家。从迁出人口的职业特点来看，医生、教师、科学工作者、工程师、农业技术员和管理专家等知识分子占了相当大比例。哈萨克斯坦共和国成立初期，国内民族关系曾一度紧张，主要表现为哈萨克族和俄罗斯族之间的矛盾。后来，由于哈萨克斯坦采取了有利于民族和睦相处的政策，把促进民族团结作为基本国策，加之政治和社会一直比较稳定，近十年来哈萨克斯坦经济发展较快，各民族实现了和睦相处。

三、文化和教育

从古至今，哈萨克斯坦的土地上生活着大量的游牧民族。正如哈萨克斯坦历史学家所言：“在近三千年的漫长历史中，由于气候干燥，在哈萨克斯坦这片广袤的土地上，游牧民族一直占据着主导地位。”游牧造就了他们的住房风格、饮食习惯、服装特色，也塑造了他们的文学、音乐和绘画艺术，因此要解读哈萨克斯坦的文化，就要先理解其文化中的游牧因子。与此同时，与游牧基因并存的是哈萨克斯坦的多民族文化格局。无论是在哈萨克汗国出现以前，还是在哈萨克汗国时期乃至今天，多民族共同生活始终是哈萨克斯坦这片土地上的常态。不同的民族在不同时期为哈萨克斯坦带来了不同的宗教、习俗和生活方式，使哈萨克斯坦成了名副其实的文化交融之地。

哈萨克斯坦是一个重视教育的国家。从 19 世纪中叶开始，哈萨克斯坦北方的一些城市就有了教授世俗文化的俄文学校。这些学校一般为俄语和哈萨克语并用的双语学校，但能够接受教育的只有少数贵族子弟。进入 20 世纪，教育有所发展。据 1897 年人口普查资料，当时哈萨克斯坦 9~49 岁居民中识字者仅占 8.1%。经过 70 多年的努力，到 1970 年，哈萨克斯坦识字居民的比例已达 99.7%。据 1989 年统计，每 1 000 名就业人口中，有 925 人受过高等教育、中等完全或不完全教育，其中有 130 人受过高等教育。

哈萨克斯坦教育体系包括学前教育、初等教育、基础中等教育、中等教育（普通中等教育、职业技术教育）、中等后教育、高等教育、大学后教育等七大教育层次。

四、经济

1996 年后，哈萨克斯坦的经济开始正增长，国内生产总值快速发展，中小企业达 330 万家，贡献了 GDP 总量的 31%。1991 年以来，哈萨克斯坦累计吸引直接外资 3 300 亿美元，占中亚地区吸引外资总额的 70%。2015 年，哈萨克斯坦加入世界贸易组织，并在 2021 年联合国发布的经济自由度指数排名中位列第 29。

根据世界银行的评估，哈萨克斯坦属于中高等收入国家。哈萨克斯坦国家统计局的数据显示，2020 年哈萨克斯坦 GDP 为 1 710.837 亿美元，人均 GDP 达 9 121.7 美元。

尽管整体经济水平较国家成立初期有了大幅提升，目前哈萨克斯坦的经济仍面临两大挑战。一方面，对能源经济的高度依赖依然是哈萨克斯坦现阶段经济发展的最大掣肘。截至 2020 年，自然资源的租金总额占 GDP 的 17.62%，其中石油租金的 GDP 占比为 13.84%，天然气租金的 GDP 占比为 1.05%。近年来，能源租金占哈萨克斯坦 GDP 的比例不断下降，其中虽然有政府调整产业结构的原因，但更主要的原因是国际油价下跌。目前，能源出口仍是哈萨克斯坦最重要的外汇来源，2020 年能矿产品出口占其出口总额的 63.7%。对能矿出口的高度依赖使哈萨克斯坦的经济受国际能源价格影响较大，在油价快速上涨的 2011 年，该国 GDP 增速超过了 7%。2013—2016 年，受国际油价下行的影响，该国 GDP 增速大幅放缓，由 2013 年的 6% 跌至 2016 年的 1.1%。

另一方面，哈萨克斯坦近十年的通货膨胀率均超过 5%，处于较高通胀水平。2022 年国际形势愈发复杂，首先，受新冠疫情和俄乌冲突影响，全球供应链运行受阻；其次，世界经济缓慢复苏，对商品的需求增加；最后，政府在疫情防控期间为了提振经济超发货币。多种因素叠加之下，哈萨克斯坦的通胀问题进一步恶化，2022 年 5 月哈萨克斯坦食品类居民消费价格指数（CPI）增幅一度高达 17.6%，同年 6 月哈萨克斯坦的通货膨胀率达 14.5%。高通胀对哈萨克斯坦的内政稳定构成威胁，尽管历届政府在缓解高通胀问题上做出过努力，然而解决这一问题的根本仍然在于调整产业结构，这一状况在短期内很难得到明显改善。

第二节　哈萨克斯坦中等教育制度

一、中等教育概述

（一）行政管理机构

2022 年 6 月 11 日，哈萨克斯坦共和国总统托卡耶夫签署了《关于进一步完善国家治理体系》的法令，哈萨克斯坦共和国教育科学部正式重组为哈萨克斯坦共和国教育部和哈萨克斯坦共和国科学与高等教育部。根据总统令，学前教育、基础教育、职业技术教育、成人教育、继续教育的教育质量保障和教育数字化，以及儿童权利保护等工作职能和责任被分配给哈萨克斯坦共和国教育部；语言政策、科学政策制定，高等教育和研究生教育质量保障，以及高等教育和研究生教育数字化等工作职能和责任被分配给哈萨克斯坦共和国科学与高等教育部。

哈萨克斯坦共和国教育部下设中等教育委员会、教育质量保障委员会和儿童权益保护委员会。中等教育委员会的职责包括：制定国家统一的学前教育与基础教育政策，以及职业、特殊和继续教育政策；创造条件以保障教育质量，培养有正确价值观、热爱科学和实践的人才；激发个人智慧、创造力和体力潜能，鼓励健康生活方式，推行道德标准；提升教师待遇；完善国家教育服务；降低腐败风险。教育质量保障委员会的职责包括监督和管理学前、小学、中学、中学后等的教育，以及职业教育、继续教育，儿童权益保护等。儿童权益保护委员会负责实行并监督管理儿童权益保护，因此其职能与教育质量保障委员会存在一定程度的重叠。

哈萨克斯坦共和国教育部共设 15 个次级教育组织，以研究所、教学中心、教育公司等形式管理哈萨克斯坦的教育实践。

哈萨克斯坦共和国教育行政部门在各地区及直辖市均设置了下属的教育部门，可统称为教育局，但每个行政区划的教育局下设的次级教育机构有所不同。一部分地区设置了细化的教育单位，如西哈萨克斯坦州的教育局下设伯林区教育部门、卡兹塔洛夫区教育部门、图斯卡利区教育部门等 13 个地区机构；卡拉干达州教育局下设阿克托盖区教育部门、阿拜区教育部门等 18 个地区机构。另一部分地区没有下设细化的地区教育部门，如阿特劳州、阿克托别州、阿克莫拉州。在部门设置方面，各地方教育局下设的处级单位和次级教育机构并不均衡。部分地方教育局下设的处级单位较多，如阿斯塔纳市和阿拉木图市均设置了 12 个处级单位，而阿特劳州和乌勒套州则只设置了 5 个处级单位。

在地方教育行政方面，从教育分区和次级教育组织设置的数量来看，东南部行政区域比西北部行政区域的机构设置更为全面和丰富。例如，位于东南部的东哈萨克斯坦州、杰特苏州、阿拉木图州都有较为详细的教育分区以及数个教育组织，而位于西北部的阿特劳州、阿克托别州、曼吉斯套州的教育机构数量较少。当然，哈萨克斯坦的地方教育行政情况并不能一概而论，如西部的西哈萨克斯坦州和北部的巴甫洛达尔州都有较为完备的教育行政体系，而东部的阿拜州因成立时间较短，其教育行政体系还不够完善。

（二）教育机构

截至 2021 年，哈萨克斯坦有各类中小学 7 550 所，在校生人数超过 350 万。图尔克斯坦州拥有 963 所基础教育机构，在校生人数为 51.16 万，在该国各州市中位列第一。哈萨克斯坦的基础教育机构按属性可分为教育部直属学校、卫生部直属学校、国防部直属学校、文体部直属学校，按教学性质可分为全日制学校、夜校、特殊学校、矫正学校，按出资性质可以分为公立学校和私立学校。

2021 年，哈萨克斯坦各类中小学中，公立全日制普通中小学占绝大多数，数量为 6 942 所，小学招收一至四年级学生，基础中学招收五至九年级学生，普通教育学校招收十至十二年级的学生。按照这一标准，2021 年哈萨克斯坦共有 6 942 所公立全日制普通中小学，其中包括小学 597 所，基础中学 962 所，普通教育学校 5 383 所。其中，城市学校有 1 783 所，农村学校有 5 159 所。尽管农村地区的中小学在总数上要远多于城市，但就发展趋势而言，近十年来哈萨克斯坦农村地区的基础教育机构数量在不断减少，而城市地区的同类型机构数量则明显增加。此趋势反映出哈萨克斯坦近十年来城市化进程的明显加快，但也体现出该国城乡基础教育在发展上的不平衡，这是人口增长、资源分布、地理环境等多种因素造成的。

二、初级中等教育

（一）学习课程

哈萨克斯坦初中国家课程标准规定，课程内容应适应青少年成长的阶段特点，不仅注重知识性，而且注重务实性，以不断提高教育的动力为基础，全力培养和发展学生的能力和潜力，满足培养要求和学生兴趣需求。

哈萨克斯坦在初中课程标准中要求实现下列目标：让学生在获得知识、提高能力、掌握技能和实践方法的基础上形成对世界的总体认识；让学生获得各种实践的经验，帮助学生认识世界和自我，选择接受学术教育或是职业训练。

初中阶段最重要的任务之一是使学生有意识地选择生活和职业道路，而完成这个任务的条件是教育的个性化。初中生要能够独立地树立目标和确定实现目标的方法，在生活中能够熟练运用已获得的经验。

初中课程包括哈萨克语、俄语、英语、数学、信息和信息通信技术、历史、通识（包括经济和法律)、地理、自然、物理、化学、生物、生活安全理论、工艺、艺术。

哈萨克斯坦在初中阶段并不设立专门的政治课程,但会开设历史方面的课程,并融入很多思想、政治方面的学习内容。哈萨克斯坦很重视历史课,学生从小学到大学都要学习世界历史和国家历史。

五年级到九年级,每个科目由专门的教师来教授。每个年级都由校长指定一名高级教师或一名班主任,其负责与家长保持联系,帮助学生组织各种社会活动,并与学校管理部门保持联络。

哈萨克斯坦考虑到国内各民族的不同需求,规定普通中学可以用6种语言授课,分别是哈萨克语、俄语、维吾尔语、朝鲜语、德语和乌兹别克语。

(二)成绩单

中学通过表1-1中的五个维度进行分数评估。

表1-1 中学评分标准

得分	描述(哈萨克语/俄语)	维度
5	Өте жақсы/ отлично	优秀
4	Жақсы/ хорошо	良好
3	Қанағаттанарлық/ удовлетворительно	合格
2	Қанағаттанарлықсыз/ неудовлетворительно	不合格
1	Толыққанағаттанарлықсыз/ совершенно неудовлетворительно	完全不合格

(三)初中毕业制度

九年级结束时,学生参加教育部举办的考试。通过考试者可继续在高中接受教育,取得中等普通教育证书。教师和学校管理人员建议那些没有学历或可能不符合高中要求的学生,申请学制为一年或者两年的职业或专业学校,使其能够以足够水平进入劳动力市场,但这最终由学生及其父母决定。学生可申请进入学术要求更严格的三年制技术学校、教学学校或医学院学习,毕业生可获得普通中学教育、职业证书和向大学申请更高层次的学习的权利。

三、高级中等教育

（一）普通高级中等教育

1. 学习课程

哈萨克斯坦学校的高中阶段在教育现代化进程中正面临重大的结构、组织和内容变革。这些变革旨在使学生适应现代社会，最大限度地发挥个人能力，成长为具有专长的个体的需要。哈萨克斯坦高中教育的主要目标是使高中生能够在非标准条件下进行自我导向、独立分析问题、制订和执行必要的计划。

高中教育的目标是培养学生的公民责任意识和正确的自我意识、独立性、创新精神和社会化意识；因材施教，根据高年级学生的能力、倾向和要求，利用机会应用个性化教育项目培养学生；保证受教育者将来接受职业教育和职业活动的机会平等。

高中课程包括哈萨克语、俄语、英语、文学、数学、信息和信息通信技术、历史社会常识、经济学、法律、生理、物理、化学、自然科学、世界艺术文化、工艺、生活安全理论、体育。2017—2018 学年，全国 153 所实验性学校实施物理、化学、生物、信息和信息技术以英语授课。根据计划，2020—2021 学年，十年级和十一年级在 4 门科目（物理、化学、计算机学、生物）的教学中采用英语教学，每周 8 课时。与此同时，数学、哈萨克语、哈萨克文学、哈萨克斯坦共和国历史、地理以及其他一些科目将用哈萨克语进行教学，而俄语、俄罗斯文学将用俄语进行教学。

哈萨克斯坦重视思想政治教育，学校一般会在高年级开设相应的政治教育课程。思想政治教育的目标包括：①培养学生的爱国主义情感，从保护国家历史文物、保护国家自然环境、保护国家的文化（包括语言、宗教、文化等）方面来增强学生的民族认同、国家认同；②提高学生素质，首先是使其遵守法律规范、社会道德等，其次是培养其良好的道德素质，如尊老爱幼、关心朋友、关爱家庭成员及对生活有积极乐观的态度。

思想政治教育的主要内容包括四个方面。

（1）爱国主义教育

哈萨克斯坦历史课分为国家史和世界史，对历史课的学习有助于学生充分了解祖国的历史和文化，使学生意识到国家在世界舞台中所扮演的角色和自己在社会中需要承担的责任。哈萨克斯坦将爱国主义教育科学地融入历史课，潜移默化地对高年级学生进行爱国主义教育。

（2）政治教育

哈萨克斯坦政治课的开设主要为了让学生了解国家的民主政治制度，使高中阶段的学生形成行使自己的选举与被选举权等各项政治权利的意识。对于高中的民主主义教育内容,国家没有给出统一标准,因此民主主义教育内容呈现出多样化的特点。

(3)宗教教育

2014 年 7 月 15 日(教育科学部)第 281 号决议规定,自 2016 年 1 月 1 日起,国内各所学校将在九年级班级开设“宗教学基础”课程,该课程将由经过系统培训,具备历史学和哲学专业知识的历史教师负责授课。据悉,目前该课程已在部分学校中以九年级选修课的形式开始推行。课程时间安排为:每周 1 课时,每年 34 课时。课程内容包括哈萨克斯坦宗教的类别、特点、历史及与宗教相关的法律等。虽然哈萨克斯坦的宗教以伊斯兰教和东正教为主,但是对于宗教的教育并没有只局限于这两种宗教,该国设有伊斯兰学院、阿拉木图女子神学院、基督教学校、长老会宗教学院等。

(4)生态教育

随着经济发展,哈萨克斯坦的生态环境整体变差,学校是学生学习和掌握生态文化知识的重要阵地。哈萨克斯坦中学的生态教育主要通过开设生态领域的课程以及开展课外实践活动的方式进行。高年级学生的主要课程有:地理、生命安全基础、社会知识等。生态教育对于高年级学生具有重大的意义,学校会不定时地组织丰富多彩的生态教育活动,比如生态知识竞赛、自然资源博物馆参观、自然资源知识比拼等。其中,最引人关注的就是中学生生态安全学奥林匹克竞赛,该活动旨在让学生掌握生态安全的系统知识和解决生态问题的科学方法,合理地开展生态活动,形成关注当地环境建设与评估的习惯,养成保护环境的良好习惯。

2. 期末考试

期末考试涉及 4~5 门课程的内容,其中 2~3 门是必修课(数学、俄语或哈萨克语),2~3 门是选修课。

学生的所有课程成绩需在 3 级以上,并且要通过哈萨克斯坦统一国家考试(UNT),方可毕业。

(二)普通高级中等学校毕业制度

学习成果外部评估测试(以下简称评估测试)是哈萨克斯坦教育部门为检测中小学教学水平而组织的测试。该测试始于 2012 年,主要考察对象为基础教育各阶段升学年级的学生。初期,该评估测试只面向九年级学生,在 2016 年推广至四年级学生,2017 年又将十一年级学生包含在评估范围中。评估测试的内容根据哈萨克斯坦普通中小学教学大纲制定,因此参加测试的考生必须学习教育部门指定的教材。对于四年级的学生而言,测试内容由 2 门科目共 30 道选择题组成,考试时长为 75 分钟,满分为 30 分。按照规定,九年级的测试范围可以扩展至 4 门科目,每门科目设 15 道选择题,其中哈萨克语为必考科目,学生需要在 150 分钟内完成考试,满分为 75 分。但在实际操作过程中,教育部门可以根据学生情况调整考试内容,如 2019 年九年级的评估测试实际考试科目为哈萨克语和数学,考试时长缩短至130分钟。评估测试规定，十一年级的考试科目为3门，其中第一门科目包含20道单选题，第二、三门科目的考试各包含30道选择题，前20道为单选题，后10道为多选题，总考试时长为140分钟，满分为100分。2019年，十一年级的评估测试科目为哈萨克语、哈萨克斯坦历史、数学和物理，其中语言和历史为必考科目，数学和物理则由学校根据自身的特点选考其中一门即可。

近年来，哈萨克斯坦社会关于十一年级学生参加评估测试存在不同的声音。反对人士指出，十一年级的学生除了参加评估测试，还要参加相当于高考的全国统一测试和中学结业考试，而且评估测试成绩本身只用于教育部门对学校的考核，并不能作为学生个人报考高校的成绩依据，因此对学生意义不大。在综合各方意见后，哈萨克斯坦教育部门于2022年决定停止实施了近十年的针对十一年级学生的评估测试，使毕业生可以更好地准备大学入学考试。

四、重点教育机构

目前，哈萨克斯坦全国共有约150所天才儿童专门学校，2011年，在哈萨克斯坦共和国教育和科学部长管理的日间中等教育机构中，有115所天才儿童专门学校。这类学校的学生可能在数学、科学或人文学科方面有天赋，也可能在音乐、艺术或舞蹈方面有天赋。2010—2011年，这类学校学生的数量增长了13.8%。然而，在哈萨克斯坦还有许多其他为天才儿童开设的学校。最负盛名的是纳扎尔巴耶夫知识学校（NIS），它由一个国家资助的非营利公司成立。当全国网络建成后，政府将设立20个这样的项目，计划利用这些项目进行新的教育实验，并在整个教育系统中实施。

达伦国家科学与实践中心是哈萨克斯坦共和国教育部的直属机构，其目的是创建一个统一的现代系统，用于识别和开发哈萨克斯坦天才儿童的潜力和创造能力。自1998年成立以来，达伦国家科学与实践中心共承办了6届国际奥林匹克竞赛。截至2020年，该中心筛选和培养出的哈萨克斯坦选手在国际奥林匹克竞赛上共获得金牌2 241枚、银牌3 266枚、铜牌4 763枚。哈萨克斯坦在参赛国家中的排名也从1998年的第50位上升至2017年的第10位。

第三节 哈萨克斯坦高等教育制度

一、本科教育制度

（一）入学制度

1991年前，高等学校采用“竞试”的办法，选拔达到完全中等教育程度的学生。脱产学生的年龄须在35岁以下，不脱产（函授和夜校）学生不限年龄。竞试的选录方法主要分为三种。

1）免试。高等院校附设的预科的毕业生直接录取。

2）免试某些科目。获得金银质奖章的中学毕业生和获得优等毕业证书的中专或中等职业技术学校毕业生，只参加一门指定科目的考试，如得5分，则免试其他科目，被直接录取。

3）参加全部入学科目考试。考试科目为语文、政治常识、数学、外语、物理、化学等。在考试安排上，各高校自主招生，自行安排考试的时间和内容，毕业生可以同时报考多所大学。所有想进入高等院校学习的人均须参加高等院校组织的入学考试，学校按考试成绩择优录取。这种招生制度允许考生根据自己的兴趣爱好和实力选择一所或多所学校，考试通过后，学生可以到其中任何一所学校学习。对于学校来说，这种招生制度有利于学校招收符合本校特点的学生，但由于学生选择的余地较大，一些学校会面临想招的学生不愿报考的情况。而且，自主招生容易滋生暗箱操作、行贿受贿等行为，招生的公正和公平性得不到保证。

1991年后，面对严峻的教育改革形势，哈萨克斯坦共和国教育部门制定了新的招生办法，其实质是把过去的招生工作分成几个阶段，形成新的规划。第一阶段：颁发国家证书的机关对所有志愿接受高等教育的考生进行统一考试。第二阶段：国家教育委员会根据考生的成绩，向其中成绩优秀者授予无偿教育奖金或者向其提供国家教育贷款，这类考生可以按照自己的意愿来挑选大学。第三阶段：由高等院校对通过国家考试的自费学生进行统一安排，一些具有创造性专业的学校还要对其新生进行附加的考试。

按照新模式组织的入学考试，在操作程序上被两个完全独立的机关管理，这种方法有助于提高评价学生实际能力的客观性，从而能够挑选有才华的青年入学深造。

哈萨克斯坦的高等教育主要培养具有丰富知识与技能的专业人才，该国公民可以在完成中等教育后参加考试，从而获得进入高等院校的机会。

哈萨克斯坦的高考被称为全国统一测试，最初产生于2004年。对于处在基础教育阶段的学生而言，高考成绩是评价其学习效果的依据，同时也是国家选拔人才的参照标准，因此具有重要的意义。

根据哈萨克斯坦政府的规定，全国统一测试主要面向中等教育机构的应届毕业生，即十一或十二年级的学生。除此以外，中专、中等职业技术学校的往届毕业生，在海外上学的中学生，乃至非哈萨克斯坦公民的哈萨克族人都有资格参加这一测试。对于应届高中毕业生而言，每年有三个时段可以参加全国统一测试，分别为1月10日至2月10日，3月1日至3月31日，以及5月16日至6月5日。然而，值得注意的是，1月和3月举行的考试可以供学生进行模拟，如果学生希望获得国家或地方政府的奖学金，其只能参加5月16日至6月5日举行的全国统一测试，此外，考生如果落榜，在8月还有一次补考机会。

根据规定，参加哈萨克斯坦全国统一测试的考生须缴纳 4 230 坚戈的报名费用，考试时间为 4 小时，考试题型为选择题（共 120 题）。考试的科目为 3 门必修科目加 2 门选修科目。其中，必修科目为基础数学、基础阅读和哈萨克斯坦历史，选修科目有 12 组方案，考生可根据大学专业方向进行选择，如准备报读生化专业的考生须选择“生物 + 化学”，而有志报读文学系的考生则应该选择“俄语 + 俄罗斯文学”或“哈萨克语 + 哈萨克文学”。不同的大学视专业情况对学生的全国统一测试的成绩有不同的要求，相较而言，要求最高的是法律专业和教育学专业，其要求考生的全国统一测试成绩不得低于 75 分。

（二）学位授予制度

哈萨克斯坦承袭了苏联高等教育的学制，大学本科教育为 5 年，研究生为 3 年，博士为 5 年或更长时间。这种学制的优点是学生在校学习时间长，基础打得扎实，但这种学制与西方国家现行高等教育学制不一致，得不到国际认可。为与欧洲接轨，提升国际竞争力，按照“博洛尼亚进程”（Bologna Process）框架的要求，哈萨克斯坦通过一系列改革，逐渐过渡到二级三层学制系统：即本科阶段 - 研究生阶段（学士 - 硕士 - 博士）。在这一学制中，本科教育被缩减至 4 年，硕士为 2 年，博士为 4~5 年。该国希望通过适当的规划实施这一改革，使学生在本国获得学位的同时能够得到欧洲的认可。二级三层学位制度改革从知识、技能和能力等方面打破了传统的学习模式，使不同层次的学生能在所学学科领域充分发挥潜能。与此同时，学士、硕士、博士三层学位的描述还分别强调了自主学习能力、研究能力、综合能力与创新能力，以及不同层次应具备的判断和处理问题的能力。目前，该国仍有部分地区还保留着五年制专家文凭教育。专家文凭教育是苏联时期单一的 5 年学制的保留，旨在培养某些具有较强专业性的领域的专业人才，授予毕业生专家文凭，如“医师”“工程师”“教师”“农艺师”“经济师”等。哈萨克斯坦大部分高校已逐步采用新的学制系统。新学制的实行是哈萨克斯坦高等教育迈向国际化的重要一步，通过一系列的相关改革，哈萨克斯坦高等教育已经获得了国际认可。

“博洛尼亚进程”规定，到 2010 年实现欧洲高等教育区的资格证书框架（EQF）要求的学士、硕士、博士三级学位制度。每一层学位都有基于学习结果和能力的普通描述，分别描述不同层次学习者会学、会理解、会做的成绩记录，并规定了学士和硕士层次的学分范围和具体学习成果要求。例如，本科阶段学分的范围要求为 180~240 学分，分 3~4 年完成。完成每一阶段学习的毕业生都可以进入劳动力市场。这些学分分为三个部分：公共课、专业基础课和专业课。对于每一类科目，学生必须按规定修完。在大学里，专业科目的设置和讲授可以由学校自行安排。从 2004—2005 学年开始，本科生在大学二年级前必须修完 4~5 门专业基础课，并参加由国家考试中心统一组织的考试，通过者才能进入下一阶段专业课程的学习。另外，学分的积累也有具体的要求。学生所完成的学业任务以分值的形式分解到课程单元之中，包括讲座、实习、研讨、个人学习、考试等。其中，纪律检查也作为一项评分标准被纳入考核范围,一学期内每周都要检查,共计 3 个学分,1 个学分相当于 1 课时。

很多高校按学分制根据高等专业教育和大学后教育大纲培养人才,哈萨克斯坦-不列颠科技大学、哈萨克斯坦国际关系和世界语言大学等已制定并通过了学分制教学体系规则。根据质量管理体系,教学中心定期对过程和程序进行检查,对检查结果进行分析,然后就提高科研过程质量提出建议。但高校在应用学分制时遇到不少困难,如在新旧教育体制同时运行时,对学生转学转专业的标准还需要进一步明确。

二、研究生教育制度

(一)硕士研究生、博士研究生入学制度

1. 硕士

具有学士学位的高等教育机构的毕业生可以在哈萨克斯坦的大学注册申请硕士课程。

学费方面:①可以根据国家教育法令获取奖学金;②付费入学。哈萨克斯坦公民只能申请一次硕士学位奖学金,即攻读第二个硕士学位须付费。

外国人想申请入学:①付费入学;②通过两国国际教育交流合作项目获取奖学金。

接收申请文件的日期:每年 7 月 10 日至 7 月 30 日,有硕士点的高等教育机构接收申请文件材料。每年可接收专业的分类在受理文件前 15 天通过媒体发布。

入学所需材料:入学申请书、身份证复印件、本科毕业证、外语考试合格证书复印件(如有)、工作活动确认文件和个人人事记录表(如果有工作经验)、科学和科学方法著作清单(如有)、086/Y 格式的医院体检证明、3 厘米 ×4 厘米证件照。

硕士研究生入学考试在每年的 8 月 10 日至 8 月 20 日举行。

入学考试有两门:①外语考试(可选择考试语言);②专业考试。外语考试包括英语、德语或法语考试。有国际外语考试合格证书的考生可免考。

录取情况:研究生录取结果由招生办进行最终确定;奖学金获得资格是按照考生成绩从高到低确定的;总分最少要 130 分,其中外语成绩不得低于 30 分,科学硕士总分不得低于 150 分。

国际留学奖学金:1993 年启动的“博拉沙克”(Bolashakh)总统奖学金为哈萨克斯坦融入国际教育领域发挥了巨大作用。从 2015 年开始,该奖学金的硕士和博士学位申请者的资助名额有所增加。1994—2017 年,获得“博拉沙克”总统奖学金的人数为 12 831 名,其中在英国、爱尔兰就读的有 5 671 人,在美国、加拿大学习的有 5 094 人。

从这些奖学金申请者的学位层次来看,2017 年硕士有 5 027 人,学士有 2 855 人(从 2011 年起,学士学位的申请者减少),博士有 125 人。从毕业生的专业类型来看,文科占 53%,理工科占 38%,医学专业占 7%,其他专业占 2%。在 2017 年的毕业生中,回国找工作的有 4 632 人,其中大部分在阿拉木图市(46.4%)和阿斯塔纳市(28.4%)就业。

国际合作：亚萨维哈士国际大学（Yasa Wei Kazakh Turkish International University）是哈萨克斯坦和土耳其在团结友好前提下于 1991 年共同创办的一所哈萨克斯坦重点大学。该校每年为突厥语国家的学生设 200 个奖学金名额。作为一所综合性大学，该校目前有 107 个本科专业，25 个硕士专业和 4 个博士专业。

2. 博士

2021 年，哈萨克斯坦全国博士奖学金名额为 1 890 个。

博士入学考试总分为 100，其中论文 20 分、专为博士入学设置的测试 30 分、专业相关测试 50 分。考试时间为 4 小时。博士奖学金获得者的最低得分须超过 75 分，自费学生至少得获得 50 分方可入学。

（二）学位授予制度

1. 硕士

哈萨克斯坦的大学后教育是高等教育的延续，主要目的是培养学术型和学术师范型干部。硕士研究生有两种培养方式：①按照学术师范方向培养，学制不低于 2 年；按照专业方向培养，学制不低于 1 年。通过国家最终鉴定并完成硕士学位论文答辩者，获得硕士学位。

2020 年，哈萨克斯坦教育科学部对国内 108 所大学的 200 多项教育计划进行评审，其中排在第一位的是哈萨克文物政法大学的教育计划，下面对该校所开设的硕士专业以及各专业的入学要求、培养年限、学制学位等进行介绍。

1）国际法专业。入学要求：通过国家考试中心的外语考试和专业考试。学习方向：科学教育（2 年）和专业教育（1 年）。学习语言；俄语、哈萨克语、英语。免费学习的机会：国家科学教育补助金。学费：每年 1 044 000 坚戈。

2）实践类理工专业。入学要求：通过国家考试中心的外语考试和专业测试。研究语言：哈萨克语、俄语。免费学习的机会：国家科学教育补助金。学费：每年 1 044 000 坚戈。

3）IT 法专业的硕士。入学要求：通过国家考试中心的外语考试和专业测试。学习语言：俄语、哈萨克语、英语。免费学习的机会：无。学费：每年 1 044 000 坚戈。

4）国际商法硕士专业。该专业是哈萨克文物政法大学与维陶塔斯-马格努斯大学（立陶宛）联合开设的双学位专业，学制是 1.5 年，第一学期和第三学期学生在阿斯塔纳学习，第二学期在立陶宛学习。录取要求：通过国家考试中心的外语考试、专业测试以及个人面试。教学语言和研究语言：英语。

5）国际贸易、金融和经济一体化法专业。该专业是哈萨克文物政法大学与莫斯科高等经济学院联合开设的双学位专业。学习方向是科学和教育学，第一学年学生在莫斯科学习，第二学年在阿斯塔纳学习。教学语言和学习语言：英语。学费：在阿斯塔纳的学费是每年 1 044 000 坚戈，在莫斯科免费接受教育。

6）法学硕士专业。该专业是哈萨克文物政法大学与德国的哈勒-威登堡大学联合开设的双学位专业,学习方向是科学和教育学,第一学年学生在阿斯塔纳学习,第二学年在德国学习。教学语言和学习语言:德语。学费:在阿斯塔纳的学费是每年 1 044 000 坚戈,在德国免费接受教育。

哈萨克斯坦-不列颠科技大学(Kazakh-British Technical University, KBTU)是哈萨克斯坦排名第二的大学,学生在攻读硕士学位时,既可以继续学习以前的专业,也可以选择另一个专业。学生在顺利完成硕士研究生阶段的学习后,将获得硕士学位。获得硕士学位可以为毕业生带来许多竞争优势。学生获得的知识和技能将帮助他们拓展职业发展空间,获得有竞争力的工作机会和令人满意的收入。KBTU 的硕士课程是对未来在工程、技术、业务和管理领域从事专业职业的重大投资。除了未来就业前景广阔,攻读硕士学位还可以帮助学生开发重要的专业技能,并为继续深造打下学术基础。

该校的硕士专业学制有 1 年、1.5 年和 2 年三种。例如,矿藏地质与勘测专业的学制是 2 年,学费为每年 1 800 000 坚戈,学生需要掌握一般地质、地质和矿床勘探、石油和天然气业务专业知识;信息系统专业的学制是 1 年,学费为每年 1 500 000 坚戈,学生需要学习信息安全和信息保护、信息系统的基础、数据库系统、编程语言;金融专业的学制是 2 年和 1.5 年,学费分别为每年 3 000 000 坚戈和 2 700 000 坚戈,学生须提前掌握金融知识。

2. 博士

在哈萨克斯坦的博士研究生(简称博士生)培养体系中,持有硕士学位后攻读哲学博士和其他专业博士的,学制不能低于 3 年。哈萨克斯坦高等教育实行学分制,但对于博士研究生阶段还没有明确的规定。哈萨克斯坦从 2000 年实施大学生的专家学位向学士学位的过渡(医学专业除外)。硕士和博士学位制度于 2004 年开始实施。

2005 年以来,哈萨克斯坦与传统的高素质人员(博士候选人和理科博士)培训系统并行实施了博士课程。2011 年哈萨克斯坦成功过渡到博士培养的新模式,该模式依赖于获得博士学位和专业博士学位的教学人员。哈萨克斯坦的相关政策法律规定了“研究生教育”人员相关的条款。2011 年 6 月 17 日,哈萨克斯坦共和国教育科学部(MES)批准了和博士的教学培养相关的第 261 号令,规定了哈萨克斯坦的博士研究生至少学习 3 年后可以获得博士和专业博士学位。博士培养计划以科学和教育学为基础,旨在进行基础教育、方法论和研究训练,并对与高等教育和研究生教育体系相关的科学领域的学科进行深入研究。各领域的博士课程包括基础教育、方法论和研究训练,以及对与国家社会和经济部门相对应的科学领域学科的深入研究,涉及教育、医学、法律、艺术、服务和商业等领域。博士研究只能在符合国家秩序的全日制基础上进行。

图 1-1 所示的为 1992—2013 年哈萨克斯坦博士学位论文登记数量的动态变化。在哈萨克斯坦加入建立共同教育空间的“博洛尼亚进程”,引入新的博士研究培训制度并进一步废除两阶段制(Candidate of Science、Doctor Science)和附属研究培训实践之后,博士学位论

文登记数量从 2011 年开始呈现断崖式下跌，2011—2013 年共有 193 篇论文进行了答辩。

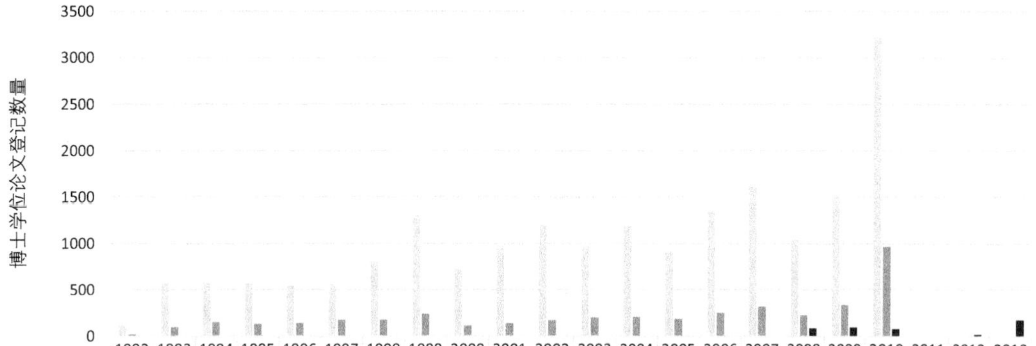

	1992	1993	1994	1995	1996	1997	1998	1999	2000	2001	2002	2003	2004	2005	2006	2007	2008	2009	2010	2011	2012	2013
理学博士候选人	115	574	577	571	544	561	801	1309	720	944	1203	963	1192	907	1351	1613	1045	1532	3219	0	0	0
■理学博士	20	96	150	131	140	173	176	235	114	136	172	197	206	185	249	319	227	337	967	0	0	0
■哲学博士	0	0	0	0	0	0	0	0	0	0	0	0	0	0	0	0	86	97	78	0	19	174

图 1-1　1992—2013 年哈萨克斯坦博士学位论文登记数量的动态变化

哈萨克斯坦共和国统计局称，截至 2013 年底，有 673 名研究人员获得了博士学位，而科学研究部门只培养了 223 名博士生（34%）。这意味着约三分之二的博士生选择了与科学研究无关的领域。过去在传统的两阶段培训系统中，也可以看到类似的情况。例如，在 2004—2008 年，平均 13.95% 的理学博士和 1.65% 的理学博士候选人受雇于研究部门。换句话说，只有不到七分之一的理学博士和第 60 名理学候选人留在了研究部门。因此，研究部门人力资源的外流量超过了其流入量，这被称作“人才外流”。这意味着未来几年，理学博士数量不足以支持科学和经济优先领域的发展。例如，哈萨克斯坦共和国医学院现有的博士培养计划只能满足高级学位专家年需求量的 10%~12%。2011—2013 年，MES 将博士学位持有者的国家教育培养人数提高到每年 500 人（前几年是 100~200 人）。但获得博士学位的科学家的实际人数明显低于预期。总体而言，2008—2013 年，该国计划培训 1 600 名博士生，而同期只有 686 项博士学位论文答辩（哈萨克斯坦国家科学技术信息中心股份公司——JSCNCSTI 记录的公开数据）。根据 JSCNCSTI 记录的数据和 MES 的估计，2013 年该国博士生总数为 1 892 人。其中，170 名博士生接受了个人概况培训，1 722 人攻读博士学位；总共有 257 人获得了博士学位，其中 110 人完成了博士论文答辩。鉴于如此低的增长水平，该国将需要多年时间来培训所需的高级科研人员，以满足科学和经济发展的需要。现有的博士生培养方案不能满足国家科技和经济发展的需要。在这一背景下，社会科学领域博士生培养过剩、社会科学领域专家的数量占上风已经成为关键性的问题。平均而言，2009—2013 年社会科学领域中的博士的人数相当于所有博士生的 50.6%，而在自然与精密科学、技术与工艺科学领域中，这一比例分别为 28.6% 和 20.8%。

哈萨克斯坦博士教育还存在着专业分类范围窄、发展缓慢的问题，对经济产业的人力资源供给产生越来越大的影响。2009年，科学专业传统命名共有418项。截至2009年9月1日，哈萨克斯坦共和国高等教育和研究生教育专业的分类标准包括博士教育领域的180个项目。在研究专业方面，2013年，64%的博士生（154人）进行社会科学领域的论文答辩，20%（49人）来自技术与工艺科学领域，16%（39人）来自自然与精密科学领域。技术科学领域只发表了少量研究论文，内容涉及：采矿、石油和天然气、纳米材料和纳米技术领域；无机物化学技术领域；信息系统和计算机科学领域；无线电工程、电子和电信领域；等等。博士生很难研究出一些重大科学成果，特别是在技术、自然与精密科学领域，因为博士生培训时间很短，在3~4个学期中，60%的时间用于培训，而只有40%的时间用于研究。对于非实验性的人文学科论文来说，准备答辩的时间并不需要很长。根据MES教育和科学控制委员会的数据，2012年，以研究人员名义答辩的论文的数量为65篇（71.5%）；作为国家基础与应用科技计划和国际计划部分研究成果的论文分别占27.4%（25篇）和1.1%（1篇）。

下面以哈萨克文物政法大学的博士生培养为例进行说明。

哈萨克斯坦共和国教育科学部269号令要求法律专业博士生必须在法律领域有一年的工作经验；在博士研究生阶段的第二学年和第三学年到国外实习。当博士生确定好实习国家后，由国际部为博士生提供实习机会。博士生在收到邀请后，要将申请书交给高等法律学院院长，并制定实习计划，法学研究生院院长将所有文件提交法学研究生院委员会审议，然后委员会通知博士生参加会议，博士生需在会上证明实习的合理性及与其研究的相关性，经委员会批准后，相关费用将被发放给博士生。

博士课程的学习形式：全日制。博士生只在一起上一个学期的课程，每周3次（工作日上课时间为18:30—22:00，周六上课时间为9:30—15:00）。

学制：3年（180学分）。

学费：28 500坚戈/学分。

教学语言：俄语。

研究语言：哈萨克语和俄语。

培养目标如下。

1）表现出对法律体系及其组成部分的系统理解，并精通与法律科学相关的技能和研究方法。

2）具有学术诚信，展示出设计和实施基本研究过程的能力。

3）通过开展原创性研究为科学发展做出贡献。

4）对法律研究中新的复杂思想进行批判性分析、评估和综合。

5）能够在科学界乃至整个社会中传播有关法律和法律制度的知识。

6）凭借法律领域的知识和技能，基于学术和专业背景促进科学、社会和文化发展。

国际法博士专业、法学博士专业申请要求如下。

1）入学要求：需要提交前期研究计划书，入学考试其实就是为未来论文研究的选题准备初步的研究提案。研究计划书的形式可自由确定，但内容需要包括：论文主题、未来研究的目的、未来研究的任务、未来研究的方法、关于未来研究主题的文献综述、未来研究的工作计划、研究伦理、参考书目。

2）考试规则：考试时间为 3 小时，研究计划书大概 8~12 页，语言可为哈萨克语、俄语或英语；进入考场时考生需要出示身份证；考试过程中，学生需要遵守学术操守规则，禁止抄袭、协助其他申请人或其他类型的作弊行为；考试期间，考生不能使用电子设备。研究计划书以书面形式完成，并由申请人签字提交，由考试管理部门认证。

3）文件清单：致大学校长的申请；身份证复印件（必须向选拔委员会提交原件）、教育文件（法学硕士学位证原件）、符合欧洲标准外语水平的国际证书、科学方法著作的清单（非必需）、6 张 3 厘米 ×4 厘米尺寸的照片、医疗证明 086U+ 荧光检查原件、人事登记表和雇佣证明文件（证明有至少一年的工作经验）。

不同高校针对不同专业的学生，在课程学习要求和教学培养方案方面均不相同。但大部分高校对于博士申请者的外语能力都有一定要求，见表 1-2。

表 1-2 哈萨克斯坦高校博士招生的外语能力要求

国际证书	阈值分数（不小于 / 不低于）
雅思	5.5 分
雅思指标	5.5 分
托福 ITP	460 分
托福 iBT	46 分
托福 PBT	453 分

截至 2023 年，哈萨克斯坦的硕士研究生总数为 36 491 人，其中有女性 20 966 人，占 57.5%；19 278 人获得国家教育奖学金，占 52.8%，其余的绝大部分人须自费接受硕士研究生阶段的教育。博士研究生总数为 5 966 人，其中有女性 3 712 人，占 62.2%。阿拉木图地区的博士研究生人数为 2 729 人，占总数的 45.7%；阿斯塔纳地区的博士研究生人数为 1 797 人，占总数的 30.1%；卡拉干达地区的博士研究生人数为 372 人，占总数的 6.2%。由此可见，在哈萨克斯坦的研究生教育中，女性学生占比较大；经济相对发达的地区和城市可以培养更多数量的研究生。

大学毕业后只有 3% 的学生进入硕士研究生阶段继续接受大学后教育。这是因为国家定向培养硕士研究生的名额在逐年减少。这可能导致最近几年大学职业教师的缺乏。还有一个现象值得注意，即在进入大学后教育阶段的学生当中，按时完成论文答辩的人特别少。这说明学科干部培养体系效率较低，教育科学部门和导师对研究生培养的责任意识正在下降。

三、高等教育机构

(一)高等教育机构类型

经过三十多年的发展,哈萨克斯坦高等院校的数量显著增加,大学生数量也越来越多。1994 年,哈萨克斯坦高等学校的数量为 61 所,约有 27.2 万名学生。而到了 2021 年,根据哈萨克斯坦共和国公开教育平台的统计数据,该国共有 129 所高等学校及其分校,其中首都阿斯塔纳市拥有 14 所高校,前首都阿拉木图市则坐拥 39 所高校,阿斯塔纳和阿拉木图这两个城市的高等学校数量就占到全国的 41%,成为该国高等教育资源最集中的地区。

2017—2018 年,哈萨克斯坦的高等教育机构网络不断扩大。在全国 130 所高等教育机构中,有国立民族大学 10 所,国际大学 1 所,自治大学 1 所,公立大学 32 所,股份制大学 17 所,私立大学 55 所,国防大学 14 所。

哈萨克斯坦存在多种大学教育形式。全日制教育是最为传统的教育形式,也是应用范围最普遍的高等教育形式,83% 的大学生就读于全日制大学。学生每周至少有 5 天在校上课,在校期间需要参加各类讲座、研讨会、考试以及其他的教育活动。

(二)大学排名

1.QS 世界大学排名 2025(哈萨克斯坦)

QS(Quacquarelli Symonds,英国国际教育市场咨询公司)世界大学排名主要通过问卷调查的形式确定,对亚洲大学进行排名的依据及其权重占比从高到低依次为:学术声誉(30%)、引用率(20%)、雇主声誉(15%)、师生比(10%)、国际教师占比(5%)、国际学生占比(5%)、国际科研网络(5%)、就业成果(5%)和可持续性(5%)。在此排名的依据中,与学术相关的指标有学术声誉和引用率,共占 50%。因此,可以看出,确定亚洲大学 QS 世界大学排名时倾向于考量学术和声誉方面的情况。

部分媒体将 QS 世界大学排名称为最具权威性的排名,虽然权威性尚无定论,但 QS 世界大学排名的确是全球最受关注的以及阅读量最多的大学排名之一。该排名的参考指标相对广泛,学术和声誉是其最重视的两方面,但声誉占比较大也成为其遭受批评的主要原因。高校声誉往往会受各类事件的影响,加上 QS 世界大学排名的基础数据是以问卷的形式收集的,这导致问卷填写者的主观性会在很大程度上影响结果,也可能造成数据的不准确。

表 1-3 列出了哈萨克斯坦高校在 2025 年 QS 世界大学排名中排在前 1 000 名的 12 所大学,有 3 所高校进入前 500 名(有综合得分),分别是哈萨克斯坦国立大学(163 名)、国立欧亚大学(321 名)和萨特巴耶夫大学(405 名),有 9 所大学进入 500~1000 名,分别是南哈萨克斯坦州立大学、哈萨克斯坦国家教育大学、哈萨克国立农业研究型大学、艾哈迈德亚萨

威大学、卡拉干达国立技术大学、拉干达布克托夫大学、阿拉木图技术大学、东哈萨克斯坦技术大学、哈萨克斯坦国立医科大学。哈萨克斯坦国立大学作为 QS 世界大学排名中位次最高的哈萨克斯坦高校，其学术声誉、雇主声誉、师生比、引用率、国际科研网络、就业成果和可持续性等方面在哈萨克斯坦国内均位列第一。

表 1-3　哈萨克斯坦高校在"QS 世界大学排名 2025"中的排名

序号	世界排名	大学名称	综合得分	学术声誉	雇主声誉	师生比	引用率	国际教师占比	国际学生占比	国际科研网络	就业成果	可持续性
1	163	哈萨克斯坦国立大学	51.0	54.2	79.6	99.3	1.4	49.0	54.2	64.7	59.6	29.8
2	321	国立欧亚大学	34.2	34.4	62.0	92.6	1.4	68.7	8.2	22.8	5.5	10.5
3	405	萨特巴耶夫大学	29.3	27.8	43.4	88.1	1.2	66.7	16.9	15.0	23.6	3.8
4	621~630	南哈萨克斯坦州立大学	—	18.5	28.7	89.5	1.0	12.9	16.2	4.0	3.2	2.6
5	671~680	哈萨克斯坦国家教育大学	—	26.5	22.8	53.8	1.1	37.8	3.7	4.1	12.6	1.7
6	671~680	哈萨克国立农业研究型大学	—	19.9	16.4	85.2	1.1	19.6	22.6	6.5	3.3	2.7
7	801~850	艾哈迈德亚萨威大学	—	16.7	27.9	44.6	1.2	7.1	16.3	3.2	7.7	1.5
8	851~900	卡拉干达国立技术大学	—	9.7	7.7	84.6	1.1	10	18.8	2.4	5.8	1.2
9	901~950	拉干达布克托夫大学	—	15.6	24.5	41.3	1.1	13.1	5.2	7.5	7.8	1.0
10	951~1000	阿拉木图技术大学	—	6.2	4.2	88.1	1.0	25.0	4.8	2.9	3.3	1.1
11	951~1000	东哈萨克斯坦技术大学	—	13.0	7.7	64.2	1.2	14.4	2.5	2.4	3.5	1.3
12	951~1000	哈萨克斯坦国立医科大学	—	6.7	4.2	59.7	1.1	10.4	64.7	3.9	3.4	1.1

（三）重点大学

1. 哈萨克斯坦国立大学

哈萨克斯坦国立大学，成立于 1934 年，是哈萨克斯坦最大的综合性大学，现有在校生 2 万多名。该大学的 QS 世界大学排名由 2012 年的 390 名提升至 2025 年的 163 名，表现出上升的趋势。

哈萨克斯坦国立大学由 16 个学院组成，设有工程、自然科学、经济学和医学等领域的 113 个本科专业、250 个硕士研究生专业和 112 个博士研究生专业。

2018 年 5 月，哈萨克斯坦国立大学成立了潘基文可持续发展研究所，以协调可持续发展和绿色经济领域的研究人员和教职员工的所有教学和研究活动。2019 年 9 月，中国政府与哈萨克斯坦共和国政府达成了合作协议，其中包括向哈萨克斯坦国立大学提供一台计算能力世界排名前 500 的超级计算机。

哈萨克斯坦国立大学是中亚大学中第一个加入联合国"学术影响力"（UNAI）计划并成为 UNAI 可持续发展全球中心的大学，旨在支持联合国的 10 项国际公认原则。该校是国际大学协会、欧洲工程教育协会、国际技术经验学生交流协会以及印美合作工程教育等国际组织的成员。除了良好的国际合作，哈萨克斯坦国立大学在世界不同国家也建立了“Al-Farabi”（阿尔·法拉比）中心，如中国的北京外国语大学和上海外国语大学，德国的罗斯托克大学、约旦的约旦大学，埃及的开罗大学，俄罗斯的别尔哥罗德国立大学，土耳其和印度的阿尔法拉比博物馆等。

作为哈萨克斯坦高等教育的领先者，哈萨克斯坦国立大学与德国高等工程教育认证委员会（ASIIN）、德国高等教育质量认证机构（ACQUIN）、英国资格评估与认证联合会（AQA）和国际工商管理基金会（FIBAA）等国际认证机构合作，确保其教育项目每 3 年接受 1 次国际认证。该大学的多个教育项目被授予欧洲质量标志“欧洲标签”。

2. 国立欧亚大学

国立欧亚大学于 1996 年成立，该校位于欧亚大陆中心快速发展的哈萨克斯坦首都阿斯塔纳。国立欧亚大学由阿克莫拉土木工程学院和阿克莫拉教育学院合并而成。在“QS 世界大学排名 2025”中位列全球第 321。

该大学提供 65 个学士课程、68 个硕士课程和 38 个博士课程，主要包含信息技术、社会科学、自然科学、工程和军事科学等课程。国立欧亚大学由 14 个学院和 1 个研究所组成，以理工科为主。该校的优先事项是开发最先进的科学技术，包括替代能源、生物技术、信息技术、纳米技术和空间技术等，其研究人员的相关论文均被 Scopus、科睿唯安等国际引文数据库收录。

国立欧亚大学是亚洲大学协会、欧亚大学协会、突厥大学联盟、独联体国家网络大学、上海大学组织、ICRA-Net（国际相对论天体物理网络中心）的成员。该校参与了哈萨克斯坦国家计划“中亚教育枢纽的发展”，目前接待了来自世界 25 个国家的留学生，国际学生占比超过 3%。在国立欧亚大学与其他国家的高校的积极合作交流下，其学生有机会到中国、美国、德国、日本、韩国、法国、拉脱维亚、波兰等国学习。

3. 南哈萨克斯坦州立大学

南哈萨克斯坦州立大学（SKSU）成立于 1943 年，是哈萨克斯坦历史最悠久的教育机构之一。南哈萨克斯坦州立大学位于哈萨克斯坦共和国南部，南哈萨克斯坦州是该国最大的工业、贸易和文化中心之一。如今，该校致力于教学和研究、远程教育以及积极培养青年科学家方面的全面发展。

南哈萨克斯坦州立大学目前有近 3 万名学生，在工程、互联网技术、历史、经济学、商业、化学、生物、生物技术、食品科学、教育学学科领域提供本科和研究生的相关课程，其 9 个本科专业和 7 个研究生专业获得了 ASIIN 的认可。南哈萨克斯坦州立大学也为其学生提供了很多科研机会，目前正在实施 45 个研究项目，这些研究项目的成果每年发表在科学期刊以及 Scopus 数据库收录的 150 多个科学期刊上。

除了为学生提供了良好的科研和教育环境，开展广泛的国际合作也是南哈萨克斯坦州立大学的一大特色，该校是“伊拉斯谟+”（“Erasmus+”）计划、欧洲高等学校协会（EURASHE）、欧亚大学协会、独联体国家网络大学的成员。南哈萨克斯坦州立大学与160多所高校和科研机构签署了合作协议，其学生有机会在德国、波兰、捷克、罗马尼亚、马来西亚、西班牙、俄罗斯等国学习。

4. 哈萨克斯坦国家技术大学

哈萨克斯坦国家技术大学位于哈萨克斯坦的阿拉木图，成立于1933年，前身为哈萨克矿冶学院（1934—1960年）和哈萨克理工学院（1960—1994年），1994年正式更名为哈萨克斯坦国家技术大学。哈萨克斯坦国家技术大学拥有10个独立的研究所，从事数字技术、物理技术、生物技术以及地质地矿等相关研究。

哈萨克斯坦国家技术大学因绿色技术、人工智能、工业自动化、采矿和石油工业领域的发展和研究而闻名，作为一所跨学科大学，其除了教授技术学科课程，同时还教授设计、建筑和管理课程。纵观其历史，哈萨克斯坦国家技术大学始终贯彻“科研学习”，不但拥有丰富的基础研究设施，而且积极与世界各地的主要工业组织和杰出科学家合作。该大学与20多个国家的大学建立了合作关系，并在哈萨克斯坦成功实施了“Erasmus+”计划项目，提高了高等教育水平。每年，该校都有学生前往欧洲、美洲和亚洲的高校进行学习以及参加国际会议等。

哈萨克斯坦国家技术大学正在积极运用其技术上的优势开展教育创新，如研发远程教育现代技术等。

5. 哈萨克斯坦国立农业大学

哈萨克斯坦国立农业大学（KazNAU）位于哈萨克斯坦的阿拉木图，由阿拉木图动物兽医学院和哈萨克农业研究所于1996年合并成立，致力于培养农业专家。目前，该校在农业科学与技术、工程与信息技术、生命科学与生物医学、自然科学和社会科学领域设有6个学院和28个系，提供学术课程和研究项目，拥有42个学士学位专业、39个硕士学位专业和16个博士学位专业。哈萨克斯坦国立农业大学的国际学生占比在所有的哈萨克斯坦高校中相对较高，国际学生占比达18.4%，国际教师占比也达29.5%。

在国际合作方面，哈萨克斯坦国立农业大学与诸多外国大学和研究机构签署了130项协议。在TEMPUS（欧盟教育项目）、“Erasmus+”、Fulbright（富布赖特）和DAAD（德意志学校交流中心）等国际项目的支持下，哈萨克斯坦国立农业大学开展联合项目研究和学术项目开发工作。

2001年，哈萨克斯坦国立农业大学成立了青年科学家理事会。该理事会是为青年科学家开展科学活动的咨询机构，由35岁以下的博士生和青年教师组成。该理事会旨在支持青年科学家的研究工作与活动，将他们的科研成果用于解决农业工业综合体的紧迫科学问题，同时为这些年轻人提供创业技能和商业基础技能的培训。由此可见,哈萨克斯坦国立农业大学十分重视青年科学家培养以及学校的发展。

6. 哈萨克斯坦国家教育大学

哈萨克斯坦国家教育大学的前身为哈萨克斯坦国立大学教育学学院,于 1933 年从哈萨克斯坦国立大学中独立出来,成为哈萨克斯坦境内首屈一指的师范教育类高校。

该校设有 10 所学院,分别为语文系、物理与数学学院、历史学院、生态地质学院、生物化学学院、心理学系、艺术学院、经济学院、国际关系学院以及预科教师学院(国际学生),共设 54 个专业,有 25 000 余名学生在校学习。

哈萨克斯坦国家教育大学是欧洲大学联盟的一员,是世界上最具前景的教育和科学研究中心之一。

四、高等教育行政管理机构及发展政策

(一)科学与高等教育部

科学与高等教育部成立于 2022 年,主要负责管理高等教育和研究生教育,并对教育质量进行监管和保障,同时参与教育改革、政策研究、文化推广等相关工作。科学与高等教育部下设 4 个委员会和多个部处,分别是高等教育与研究生教育委员会、科学与高等教育质量保障委员会、科学委员会、语言政策委员会、国际合作处、公共关系处、法务处、内部审计处、战略规划协调处等。各部门通力合作,通过实际调研、监督评估、语言推广、风险管控、信息一体化、安全保密、形象保障、舆论控制等多种方式确保高等教育在哈萨克斯坦的平稳运行和发展。

(二)博洛尼亚进程

从 2006 年起,哈萨克斯坦就明确提出高等教育改革以加入欧洲教育空间,即以“博洛尼亚进程”为战略目标,力求使本国的高等教育具备与世界先进国家竞争的能力。之后几年,哈萨克斯坦以该政策为导向,以统一学制和跨境交流为目标,其高等教育改革深入课程设置和学校管理的各个层面,包括制定从国家指令到学校规章等的一整套措施,以提高教育质量,使本国高等教育与欧洲同步,并向世界迈进。2010 年 3 月 11 日,哈萨克斯坦成为“博洛尼亚进程”正式成员国,并将 2011 年定为教育年。2011 年 2 月 11 日,哈萨克斯坦政府制定并出台了《哈萨克斯坦国家教育发展纲要(2011—2020 年)》,规定教育的目标是提高教育竞争力,通过保障高质量的教育,发展人力资源,促进经济的稳定发展。该发展纲要出台后,取得了一系列成果:完善拨款制度,使民众能够平等地接受教育;提高教师职业的威望;形成“国家—社会”教育管理体制;保证所有受教育者均能平等地使用最好的教育资源;高等教育和大学后教育的目标是“达到高水平的高等教育质量,满足劳动力市场、国家创新工业发

展、个人及符合教育领域最高国际标准的要求”；实现技术和职业教育的现代化，实现与国际教育空间的一体化等。高等教育的任务包括三个方面：保证为国家创新工业发展提供受过大学和大学后教育的人才；保证高等教育实现同欧洲地区的一体化；保证教育、科学和生产一体化。1993年，哈萨克斯坦允许私人办学，私立高校如雨后春笋般出现。2001年，国家开始对公立高校进行私有化改革。经过此番改革，哈萨克斯坦形成义务教育与有偿教育并存、公立学校和非公立学校并存的局面。到2003年，哈萨克斯坦私立高校的学生数量已占全国高校学生总数的32%。

哈萨克斯坦自加入“博洛尼亚进程”后实施学分制，每一层学位都有基于学习结果和能力的普通描述，分别记录不同层次学习者会学、会理解、会做的成绩，并规定了学士和硕士层次的学分范围和具体学习成果要求。

第四节　哈萨克斯坦职业教育情况

一、职业教育发展概况

《哈萨克斯坦国家教育发展纲要（2011—2020年）》（以下简称《纲要》）指出，职业教育旨在满足个人利益需求与劳动力市场需求，并在经济社会发展方面发挥着关键作用。哈萨克斯坦职业教育面临的困境主要是职业教育系统的基础设施、物质和技术基础不能保障高质量的工作人员培训，难以吸引年轻人接受职业教育。为此，《纲要》对职业教育重新进行了战略部署，其改革目标是实现职业教育体系现代化，使其符合社会和产业创新经济发展的要求，融入全球教育空间。具体目标为：按照产业创新经济发展要求更新职业教育内容的结构，发展经济部门工作人员培训的基础设施，提高职业教育的威望。

（一）哈萨克斯坦职业教育课程体系

哈萨克斯坦具有完善的职业教育课程体系。《哈萨克斯坦教育法》第17条规定了职业教育培养方案，根据课程内容以及学生需要达到的技术水平，对职业教育内容进行分类。一是，培养有技术以及能够劳动服务的大众专业人才，内容包括：根据普通教育科目学习综合课程，普通教育科目是为学生成功掌握一般学科及专业学科知识而设置的；进行职业技能培训；为达到专业水平要求的学生授予特定的专业资格或等级认证。二是，培养能够从事经济领域相关工作的技术服务人才，使之能完成更加复杂和专业的实践工作，内容包括：学习普通文化课以及经济、普通专业、特殊课程等科目；通过工业培训和专业实践来获取和提升专业技能；为达到专业水平要求的学生授予特定的专业资格或等级认证。三是，提供高级技术工人培训、再培训以及提高其专业技能，内容包括：提供普通职业教育的综合课程以及与高等教育一、二年级培养方案相关的职业教育；为完成两年学业并通过中级认证的学生颁发相应水平的专业资格等级认证；为完成三年学业并通过中级认证的学生颁发更高水平的专业资格等级认证；为完成全部课程并通过最终认证的学生颁发中等职业教育学历毕业证书。职业教育课程体系的设置为哈萨克斯坦培养职业技术人才奠定了重要基础，理论与实践相结合，认证与毕业相关联，成为哈萨克斯坦职业教育发展的一大特色。

(二)哈萨克斯坦职业教育的管理机构

在管理方面，原教育科学部（2022 年重组为教育部和科学与高等教育部）及其下属职业技术教育署是哈萨克斯坦职业教育运行与发展的官方管理机构。原教育科学部是负责管理教育、科学和儿童权利保护领域的国家机构，在全国设有直辖或分级的教育机构，负责管理各行政区的教育、推行各项教育政策并保障教育法规的落实。职业技术教育署的主要职能包括参与制定和推行国家职业教育政策，制定和完善国家职业教育法规，为职业教育发展创造条件，将当代教学技术引入职业教育，提高职业教育质量，等等。包括职业学校在内的各类学校享有一定的自主权，可以根据国家教育标准自主设置课程。2017 年，哈萨克斯坦修订了《国家技术和职业教育标准》，允许职业学校修改的教学内容的比例高达 80%。为了推动教育行业的发展，原教育科学部定期制订一定年限的战略计划，并每年公布战略计划的当年执行报告以及执行情况的分析报告，以监督战略计划的实施，及时发现执行过程中的问题并提出相关建议。

根据《哈萨克斯坦共和国教育科学部 2020—2024 年战略计划——2020 年执行报告》（以下简称《2020 年执行报告》）、《哈萨克斯坦共和国教育科学部 2020—2024 年战略计划——2020 年执行情况的分析报告》（以下简称《2020 年执行分析报告》）以及《2020 年哈萨克斯坦共和国国家教育体系现状与发展报告》（以下简称《2020 年国家教育报告》），2018 年该国共有 821 所职业学校（公立 479 所，私立 342 所），2019 年共有 801 所职业学校（公立 460 所，私立 341 所），2020 年共有 795 所职业学校（公立 454 所，私立 341 所）。哈萨克斯坦职业教育的办学体制是公立办学与私立办学相结合，公立职业学校的数量和学生人数均多于私立学校，占主要地位，私立学校稳定发展。近几年，职业学校总数略减，同时公立职业学校数量也有所减少，原因是为了让职业教育体系具有更强的市场指向性，政府推动了职业学校的整合和优化。此举有利于提高职业学校的竞争力，进而提升职业教育质量。

(三)哈萨克斯坦职业教育的分类

哈萨克斯坦的职业教育体系分为三个阶段：初等职业教育、中等职业教育和高等职业教育。前两个阶段属于中等教育的范畴，其中，初等职业教育的学制一般为 2~3 年，中等职业教育的学制一般为 3~4 年；第三个阶段属于高等教育的范畴。在哈萨克斯坦，初中是一个关键节点，学生在初中毕业后分流：一部分进入普通高中就读，一部分则考入职业学校（包括专科学校、初级职业学校和中等职业学校）。学生在职业学校毕业后，可以选择就业或考入职业大学，接受高等职业教育。总体来讲，相比于高等教育，职业教育的学制更短、费用更低、实操性更强，具有一定的优势。

根据哈萨克斯坦制定的标准和教育计划，各级职业学校开设了医疗、建筑、电气、维修等160余个专业。约60%的高中毕业生考入大学，对于没考上大学的高中毕业生，哈萨克斯坦政府要求他们必须接受职业教育培训才能进入劳动力市场。

哈萨克斯坦提供职业教育的学校有三类：一是免费性质的培训学校，针对初高中毕业生开设，学校课程与职业领域密切相关，不涉及其他拓展性课程；二是职业中学，同样针对初高中毕业生开设，但在进行职业培训的同时还开设了科学、数学、语言等文化类拓展课程；三是高职院校或工艺学校，学校课程包括更加专业的技能培训课程和更加广泛的学术类课程，针对具有高中及以上学历者开设。哈萨克斯坦还设有各类短期培训机构和服务机构，包括职业指导和咨询机构、行业培训机构、失业人口培训和再培训中心等。

二、中等职业教育

1991年，哈萨克斯坦对技术和职业教育进行了大幅度改革。1991—1999年，初等职业教育在职业学校实施，中等职业教育在中职学院进行。也就是说，中职学院作为中等职业教育机构，属于高等教育体系，而职业学校属于普通中等教育体系。1999—2007年，培养哈萨克斯坦技能工人、干部的初等职业教育在职业学校进行，中等职业教育在中职学院、专业学校进行。初等和中等职业教育都属于中等教育体系。

三、高等职业教育

2007年起，技术和职业教育成为中等教育的一部分。最初的中等文凭专家在中职学院、职业学校、高等技术学校进行教学；2015年起，高等技术学校更名为高职学院。

四、哈萨克斯坦职业资格框架

哈萨克斯坦国家职业资格框架体系构建完善之前，该国已经有了丰富多样的各级各类资格证书。无论是在职业教育体系内，还是在普通教育体系内，学生在各学习阶段都有机会考取相应的职业资格证书。初中毕业生和高中毕业生进入职业学校学习，获得专业文凭（Professional Diploma）。取得高中毕业证书的学生有资格申请职业技术大学入学资格。大学毕业后，学生可以继续在授予学士与硕士学位的高等教育机构学习，如理工院校、专科院校与协会，从而获得专家文凭（Diploma of Specialist）。从职业技术学院顺利毕业的学生则可获得高级资格证书（Qualification Diploma）。

哈萨克斯坦于2016年提出并确立了国家职业资格框架。该框架参照欧洲职业资格框架，将国家职业资格分为 8 个等级，从知识、技能与能力、专业竞争力和实现途径 4 个维度进行评定。哈萨克斯坦国家职业资格框架具有如下特点：一是等级划分与学历对应，一级标准对应基础教育，二级至四级对应中等教育，五级对应专科教育，六级至八级对应本科及研究生教育；二是对专业能力的要求逐级提升，一级至三级仅要求掌握基本的职业入门能力，四级至六级逐级加大对协调、监督和管理能力的要求，七级和八级则分别要求掌握实践与理论方面的创新能力；三是重视实践能力，除与学历对应的上升路线外，拥有专业实践经验也可获得相应的等级认证。自国家职业资格框架确立以来，哈萨克斯坦着手建立职业资格认证数据库，在全国各地先后成立了 34 个资格认证中心，细化了约 480 项职业标准。截至 2018 年，约有 7 000 名不同领域的高级人才和专家登记在册。

五、哈萨克斯坦职业教育发展政策

众所周知，作为上层建筑的教育需要符合经济基础的发展要求，哈萨克斯坦教育体系改革的目的在于实现教育体系的现代化，并使其符合社会和国家的现代化要求。哈萨克斯坦目前已经构建了较为完善的职业教育体系，旨在满足国家经济社会发展的技术人才需求。当今高新科技的发展不仅要依赖先进的科学技术，同时还需要具备技术与操作能力的人才提供支持。面对哈萨克斯坦强劲的经济发展态势，专业人才是国家最需要的，培养专业人才是中等、高等职业学校的主要目标。根据哈萨克斯坦“2020—2025 年国家工业和创新发展计划”项目，该国在冶金、机械工程以及电气设备、交通、农业机械方面对专业技术人员需求很大。

为了使职业教育符合市场需求，在哈萨克斯坦工业和创新发展的基础上，相关部门和机构不断更新职业教育的内容。《哈萨克斯坦共和国教育科学部 2020—2024 年战略计划》指出：根据国家工业和创新发展的需求更新职业教育的内容是职业教育发展的优先方向之一，职业教育教学方案会根据世界技能大赛要求和雇主的需求不断更新。该国在职业教育领域，正在实施一系列的倡议，根据劳动力市场需要和国际标准更新职业教育的内容。科技的迅速发展、劳动力市场的不断变化都要求职业教育体系迅速做出反应。为了满足国家对职业人才日益增长的需求，哈萨克斯坦不断引入新的人才培养方式，如在职业教育现代化的框架下引入模块-技能方法、学分模块教学技术、世界技能标准。

第五节　哈萨克斯坦中文教育发展概况

一、中文教育发展历程

随着中哈关系的稳定和升级，两国密切关注教育合作的发展动向，签署了一系列的教育合作协议。中哈教育领域合作的基础性文件是两国于2003年6月3日共同签署的《中华人民共和国教育部和哈萨克斯坦共和国教育科学部教育合作协定》，简称《中哈教育合作协定》；2009年，两国一致通过了该协定的修订和增补协议。为发展两国在教育领域的双边合作、提高教育科研水平，该协定规定了一系列合作内容，主要包括教育体制交流、互换教学大纲和教学资料、学生互换以及推广双方国家的语言等。该协定第一版规定，双方每年互换奖学金项目的名额为20人，如有必要可增加互换名额；在第二版中，名额增至100人。这表明了中哈两国教育交流的需求日益增长，也表明了两国在教育领域进一步深入交流的意愿。值得注意的是，《上海合作组织成员国政府间教育合作协定》与《中哈教育合作协定》在内容上非常相似，不同之处在于前者是以多边合作的形式确立并且实施的。此外，中国和哈萨克斯坦还于2006年12月签署了《中华人民共和国政府和哈萨克斯坦共和国政府关于相互承认学历和学位证书的协定》。学生交流在中哈两国教育合作中发展尤为迅速，不少哈萨克斯坦学生通过申请国家奖学金或自费的方式来华留学，他们先学习中文，然后选择专业继续学习；同样，中国学生也可以通过公费或自费的方式前往哈萨克斯坦进修学习或者攻读学位。

二、中文教育现状

随着中国在世界上的影响力越来越大，中国已经成为哈萨克斯坦的最大留学目的国。2018年，哈萨克斯坦籍来华留学生人数为1 784，按国别排序位列第十，而这个数字在1999年仅为29人。2018年，哈萨克斯坦籍来华留学生总人数已经在来华留学生总人数中占比达到2.39%。

为了更加清晰地了解在哈萨克斯坦学生汉语学习情况，以及了解汉语学习在哈萨克斯坦国的普及程度和课程体系，作者利用线上分发问卷、抽样调查的形式，对接受哈萨克斯坦中高等教育的学生（包含在华留学生和哈萨克斯坦本土学生）进行了调查。本次网络调查一共回收了77份有效问卷。依据调查的目的对调查结果进行分析，可以得出相应的结论。

“您的国家有没有把汉语纳入普通学校课程体系？”“您的国家是否把中文作为中考必考科目？”“您的国家是否把中文作为高考必考科目？”三个问题的结果存在较大差异，分析认为这是在哈萨克斯坦不同地区的中文教育普及程度和考核程度存在差异的结果。整体来看，选择否定选项的比例都超过了半数，说明受调查学生所在地区对中文教育的考试重视程度并不高。

参与问卷调查的哈萨克斯坦学生认为周围人学习中文的目的包括：以后的工作需要、对中文和中国文化感兴趣、为了以后移民到中国等。笔者认为，哈萨克斯坦开展中文教育的目的主要为有利于国人就业、有利于与中国的合作和有利于两国人相互交流。

关于在哈萨克斯坦开展中文教育的意义，有53.25%的受访学生认为“有利于与中国合作”,有 54.55% 的受访学生认为“方便国人去中国留学”。同时“有利于国人就业”和“有利于两国人相互交流”对于开展中文教育同样具有重要意义。

高等学府、孔子学院和中文学校是哈萨克斯坦主要的中文教育机构,比例分别为 18.18%、15.58% 和 37.66%。认为中文教育质量“非常好”和“比较好”的比例为 38.96%,认为“一般”的比例为 5.19%,认为“不太好”的比例为 35.06%,这表明哈萨克斯坦不同地区中文教育质量参差不齐。在哈萨克斯坦对于中文教育的认可程度方面,近 70% 的学生认为国家对于中文教育的认可程度不高,这与国家对中文教育和相关政策的重视程度有重要关系。

(一)汉语教育机构

“首先,我想谈谈我们是如何开始阅读中文的。我们的纳扎尔巴耶夫知识学校专注于物理和数学。今年是学校开学 10 周年。我们已经学习了 9 年的中文。”加肯诺夫说。

1. 高等院校

目前,哈萨克斯坦高等院校中开设汉语专业的较少,仅哈萨克斯坦国立欧亚大学、阿拜国立师范大学设置了汉语专业。

2. 孔子学院

孔子学院是中国在海外建立的语言文化教育机构,旨在满足世界各地人民对中文学习的需求,增进各国人民对中国文化的了解,加强中国与世界各国的教育交流,对发展中国与其他国家的友好关系、促进世界文化多元发展具有重要意义。截至 2019 年,中国在哈萨克斯坦已设立 5 所孔子学院,分别是国立欧亚大学孔子学院、哈萨克斯坦国立大学孔子学院、哈萨克斯坦阿克托别州朱巴诺夫大学孔子学院、卡拉干达国立技术大学孔子学院、哈萨克斯坦阿布莱汗国际关系与世界语言大学孔子学院。

这些孔子学院主要负责在哈萨克斯坦开展中文培训和推广活动,推广活动包括举办中文水平考试、中文朗读比赛、汉语桥比赛、赠书活动、中国图片展,协助中国驻哈萨克斯坦大使馆文化处开展文化活动,开展对外交流等。孔子学院自成立至今,已经为 3 500 余名不同年龄段的哈萨克斯坦学生提供了学习中文和提高中文水平的机会。2018 年,150 多名哈萨克斯坦学生通过孔子学院总部提供的奖学金到中国接受语言培训,攻读学士、硕士或博士学位。随着哈萨克斯坦孔子学院对中文和中国文化的宣传和推广,越来越多的哈萨克斯坦青年和各界人士开始学习中文、了解中国文化,哈萨克斯坦国家领导人也倡议本国年轻人学习中文,这不仅激发了民众学习中文的热情,培养了大批优秀的中文专业人才,而且还促进了中哈之间的人文交流,加深了两国人民的友谊,有助于推动中华文化走向世界。

3. 中文培训机构

根据问卷结果,超过 45.45% 的受调查学生认为哈萨克斯坦学习中文的人“非常多”和“比较多”;在培训机构学习中文的学生比例达到 23.38%,在校学和自学的比例分别为 29.78% 和 11.69%;然而在政府政策是否支持开展中文教育上,有 15.58% 的学生认为“很支持”，有 40.26% 的学生选择“比较支持”。以上三个问题的调查结果显示，哈萨克斯坦学生学习中文的热情很高，学习方式多样，同时也表明了哈萨克斯坦政府在政策上对于开展中文教育的支持。

同时，在“您的国家办中文教育的机构多吗？”在这个问题的调研中，认为机构数量超过 15 所的比例为 55.84%，有 10.39% 的受调查学生选择“不清楚”，说明近半数参加问卷调查的哈萨克斯坦学生认为哈萨克斯坦汉语教育机构数量较多。“在您的国家中文教育一般在哪些机构开展？”此问题的调查结果显示，开展汉语教育的机构主要为高等教育机构、中等教育机构、孔子学院和中文学校。

（二）中文教学面临的困境

其一，师资力量薄弱，数量不足且教学质量有待提高。哈萨克斯坦教师的社会地位并不高，而且教师群体收入普遍较低，导致师资力量薄弱，且数量严重不足。不少教师为了维持生计，常常选择在多个学校兼职，因而用在学术研究上的时间大大减少，本土教师鲜有学术成果发表。师资数量和质量的不过关与哈萨克斯坦日益增长的中文学习人数形成了鲜明的对比，而了解中国文化、精通中文、教学经验丰富的教师更是稀缺，这严重影响了哈萨克斯坦中文人才的培养质量。

其二，移民中文教师文化适应困难。哈萨克斯坦的中文教师大多是来自中国新疆的哈萨克族移民，其主要存在三个问题：一是他们大多不懂俄语，因此思维方式与当地居民差异较大，时常会出现很难融入当地生活的现象；二是大部分教师从中国移民至哈萨克斯坦之前并非毕业于师范专业院校，多数人甚至没有语言教学相关经验，中文教学的专业水平有待提高；三是这些移民教师在移民之后因长时间脱离中文语言环境，在语音、语调、语法等方面常出现一些错误，影响了教学准确性。

其三，缺乏统一的中文教学大纲，中文教材数量不足，质量有待提高。虽然哈萨克斯坦所有学校的教学大纲和教学计划均由国家教育行政部门制定，但中文教学大纲却由各大高校教师自行编写，因此哈萨克斯坦至今没有全国统一的中文教学大纲。受限于高校教师个人教学素质和水平的差异，哈萨克斯坦中文教学的整体质量难以达到应有的水平。目前，哈萨克斯坦使用的中文教材主要是俄罗斯版、中国版教材，而俄罗斯版教材中有一些是在苏联时期编写的，年代较为久远，内容过于陈旧，不能反映中国的现实社会情况；而中国版教材不符合哈萨克斯坦中文学习者的特点，缺乏针对性。

除此之外，也有其他因素影响了哈萨克斯坦中文教学的发展，如哈萨克斯坦政府对中文教育持谨慎态度，对孔子学院的定位及其如何发挥作用缺乏定论等。

要解决哈萨克斯坦中文教育中存在的问题，就必须从提高哈萨克斯坦中文教材的质量和师资的本土化建设入手。鉴于中文教材在中文教育中的重要作用，一些哈萨克斯坦高校的中文教师表达了参与编写教材的意愿，而已经参与“丝绸之路”系列中文教材编写的本土教师也提出了关于中文教育的建设性意见，编写和发行适应教学需求的本土化教材将极大促进哈萨克斯坦中文教育的发展。除此之外，完善中文教师培训项目，根据培养对象制定切实的培养方案，使中文教学具有实践性和可行性，能够保障孔子学院及其他教育机构的中文学习者获得良好的中文教育，提高民众对中文学习的热情，从而更好地促进两国的教育交流。

第六节　哈萨克斯坦学生出国留学情况

一、出国留学意愿调查

为了更加清晰地了解在哈萨克斯坦中高等教育制度的背景下，哈萨克斯坦的学生的留学意愿、困惑、所面对的阻力、具有的优势或劣势等问题，作者利用线上分发问卷、抽样调查的形式，对接受哈萨克斯坦中高等教育的学生（包含在华留学生和哈萨克斯坦本土学生）进行了调查。本次网络调查一共回收了 77 份有效问卷。依据调查的目的对调查结果进行分析，可以得出相应的结论。

1. 出国留学是哈萨克斯坦学生中相对大众化的选择

在被问到“你的家人或身边的朋友有多少人在国外留学”时，回答“1~3 个”的占总数的 10.39%，回答“4~6 个”的占总数的 5.19%，回答“6 个以上”的占比为 63.64%，回答“无人在外留学”的仅占 20.78%。这说明，对于接受哈萨克斯坦中高等教育的学生来说，出国留学已成为流行趋势。

问卷还对哈萨克斯坦学生的留学意愿进行了直接询问，接近 60%（59.74%）的学生回答“是的，我很想出国留学”或“会考虑留学”，回答“不想留学”的学生占 40.26%。但在被问到，“你认为在你的国家，在外留学的人数是多还是少”这样的问题时，有 20.78% 的人表示“很多”，有 16.88% 的学生表示“一般”，32.47% 的学生表示“不太多”，29.87% 的学生表示“几乎没有”。由此可见，哈萨克斯坦的接受高等教育的学生有很强的出国留学意愿，但是由于各种原因，实际出国留学的人数并不是特别多。

为此，笔者对影响哈萨克斯坦学生外出留学的因素进行了调查。在询问“您的国家政府在政策上鼓励学生出国留学吗”的时候，有 38.96% 的人选择了“很鼓励学生出国留学，并在资金上给予支持”，12.99% 的人选择了“鼓励学生出国留学，但资金上的支持比较少”，46.75% 的人选择了“一般，资金上不给予支持”，还有 1.3% 的人选择了“不鼓励”。这直接证明，哈萨克斯坦政府对本国学生出国留学的政策支持较少。当面对这样一个问题，即“你是否同意，海归会比国内大学生获得更好的工作机会”时，约 45% 的学生表示同意，约 24% 的学生认为有可能，但自己并不清楚，31% 的学生表示不同意。

2. 留学选择呈现多元化特点

根据问卷调查结果，哈萨克斯坦学生的留学类型主要是公派生、交换生或项目交流合作这三大类，其中公派生占据主流地位（33.77%）。从哈萨克斯坦学生的留学资金来源看，单纯依靠奖学金的占总数的 46.75%，奖学金与自费结合的占 46.75%，而单纯靠自费来支付留学费用的占 6.5%。

做出留学选择时，哈萨克斯坦学生所考虑的因素也是多种多样的。首先，在各类因素中，留学目的国的教育水平和留学目的国对职业发展的影响是哈萨克斯坦学生首要考虑的因素。其次，留学目的国院校的奖学金政策和哈萨克斯坦对留学目的国学历的认可程度，也是哈萨克斯坦学生出国留学考虑的重要因素。

在已选择出国的哈萨克斯坦学生群体中，出国留学的原因更加多元化。按照出国留学原因的出现频率由高到低排列，结果为“留学目的国吸引人才的政策”（35.06%）、“哈萨克斯坦国家人才的稀缺”（20.78%）、“为了给自己争取更多的发展机会”（18.18%）、“留学目的国的教育水平比自己国家好”（16.88%）、“为了学习留学目的国语言”（12.99%）等。

考虑到以上因素，哈萨克斯坦学生在选择留学目的国时的偏好，依次是俄罗斯、瑞士、德国、中国、日本和其他国家。另外，问卷结果显示，在有留学意愿的受访学生中，约 50.65% 会选择高中毕业后留学，约 22.08% 的学生会选择在大学毕业后出国留学。

3. 留学信息来源渠道多

哈萨克斯坦学生留学信息的主要来源有“学校”“中介机构”“朋友或老师”“社交媒体平台”“论坛”“奖学金项目官网”等。在众多渠道中，“中介机构”“朋友或老师”“论坛”和“奖学金项目官网”是相对主流的渠道。故中介机构、学校间的合作交流项目、周围朋友和老师的介绍、奖学金平台的搭建都会成为影响哈萨克斯坦留学生留学选择的重要因素。

4. 来华留学意愿调查报告

从上述留学意愿调查报告结果可知，出国留学对于哈萨克斯坦学生来说是比较普遍的选择，中国也成为哈萨克斯坦留学生的主流选择之一，且哈萨克斯坦学生来华留学的意愿也十分强烈。为了弄清楚留学意愿调查报告中所提到的，接受哈萨克斯坦中高等教育的学生所关注的、会影响其留学选择的因素对其来华留学的影响，特利用网上问卷对此进行调查分析，得出以下结论。

哈萨克斯坦学生来华留学的意愿强烈，且目前中国已有不少哈萨克斯坦留学生。据调查，有约 90% 的受访者表示，他们的亲人或朋友有意向来中国留学。其中，27.27% 的受访者表示身边有“1~3”人想来中国留学，48.26% 的人的回答为“3~6”人，选择有“6”人以上的占总数的 19.48%。而当问到对来华留学的看法与态度时，绝大多数被调查者认为来华留学是十分有吸引力的，其中回答“很有吸引力”和“比较有吸引力”的分别占 35.06% 和 27.27%，23.38% 的受访者表示来华留学对自己的吸引力一般，仅有少数受访者表示来华留学对自己没有吸引力。由此可知,在留学目的国的考虑上,中国已成为并在一定时间内会持续成为哈萨克斯坦留学生的主流选择。

从国家政策层面来看,认为“很鼓励学生到中国留学,并在资金上给予支持”“鼓励学生到中国留学,但资金上的支持比较少”和“一般,资金上不给予支持”的比例,分别为 5.19% 和 32.47% 和 19.48%。可以看出,哈萨克斯坦政府对本国学生到中国留学持鼓励态度。

第七节　哈萨克斯坦学生来华留学情况

一、来华留学现状

(一)哈萨克斯坦学生来华留学规模

自 2000 年起,中哈两国政府开始教育领域的双边合作,中国的部分高校与哈萨克斯坦的大学签署了校际合作协议,且中国与哈萨克斯坦签署了学历学位互认协议,这为中哈两国高校的合作奠定了良好基础。新疆农业大学、西北农林科技大学与哈萨克斯坦多所大学在教育和科学研究领域签署了教育合作协议。2003 年 6 月,中国与哈萨克斯坦协议规定双方每年互派奖学金留学人员,促进学生的国际流动。2016 年,北京外国语大学与哈萨克斯坦国立大学在语言建设、师资培训、人才培养、信息共享等方面达成共识。2016 年 10 月 19 日,第四届中国-中亚合作论坛召开期间,四川大学与哈萨克斯坦七河国立大学签署开展教师合作、留学生培养等合作事宜的协议。2018 年 7 月,在贵阳举行了“中国-哈萨克斯坦大学校长合作对话”,双方多所高校共同探讨共建“一带一路”背景下中哈高等教育合作的机遇与未来发展,两国高校共计签署了 24 份合作协议。因中国教育质量不断提升且费用较低的一贯优势,以及共建“一带一路”倡议的推动,中国提供的免费教育项目和两国互换奖学金项目增多等,哈萨克斯坦来华留学生数量逐年增加,由 1999 年的 29 人增加到 2018 年的 11 784 人,且学历生比例逐渐上涨,硕士研究生和博士研究生数量增长速度较快。非学历学生人数稳定上升,普通进修生数量占非学历学生人数的比例较大,短期留学生(包括语言留学生)的人数呈现下降趋势。从世界各国来华留学生数量来看,哈萨克斯坦从 2008 年开始跻身来华留学生源国排行榜前十名,由此可以看出,哈萨克斯坦的学生来华接受教育的意愿较强,也证明中国与哈萨克斯坦的高等教育合作具有深厚的基础,哈萨克斯坦已经成为中国高校留学生的重要生源国。

(二)来华留学学历结构

《哈萨克斯坦留学生对中国高等教育形象的认知研究》对 50 名哈萨克斯坦来华留学生进行了问卷调研,被调研学生包含本科生、硕士研究生和博士研究生,人数分别为 30 人

(60%)、17 人(34%)和 3 人(6%)。其专业分布为人文社科类专业 25 人(50%)、技术学 12 人(24%)、经济学 12 人(24%)和农学 1 人(2%)。其中，人文社科类专业主要包括：国际关系、国际贸易、工商管理、东方或中国历史和哲学等。基于以上数据，可见哈萨克斯坦学生对人文社科类专业具有一定的倾向性，这与哈萨克斯坦国内领先高校偏理工科可能有一定的关联，加之中国高校的招生政策对哈萨克斯坦留学生较为友好，因此进入中国高校人文社科类专业学习对很大一部分哈萨克斯坦留学生来说是一个有吸引力的选择。

从更宏观的角度来看，根据我国教育部公布的数据，2016 年接收哈萨克斯坦来华留学生的专业按人数排名前十的依次为：汉语言、医学、工科、经济、文学、管理、教育、中医、法学、理科。汉语言为哈萨克斯坦来华留学生人数最多的专业，这展示了哈萨克斯坦国内中文学习的热潮，也因为中文是他们在中国高校学习的一种基础技能，而且横跨预科、本科、硕士研究生等学历、非学历教育，因此汉语言是哈萨克斯坦来华留学生选择频率较多的专业。在排名前十的专业中，医学和工科紧随其后，其原因与中国的发展紧密相连，中国的临床医学学士学位近些年相继得到了许多亚洲国家的承认，这使得很多来自亚洲的留学生选择中国高校的医学专业。选择工科的人数较多也不难理解，根据基本科学指标数据库(ESI)数据，中国高校在化学、材料以及工程等学科的排名已居世界前列，自然也会有越来越多哈萨克斯坦来华留学生选择工科专业。

二、来华留学意愿调查

哈萨克斯坦来华留学生人数的剧增主要得益于中国近些年国力、国际地位以及国际声誉的提高。更重要的是，在哈萨克斯坦对外贸易中，对华贸易额占 20%。随着中哈关系的稳固发展，历任哈萨克斯坦总统均表示，汉语对哈萨克斯坦非常重要，希望广大中小学生积极学习汉语。学习一门语言自然也需要接触该国文化，而语言上的相通也有助于两国在各个领域的合作和交流，自然也包括高等教育领域。2019 年，哈萨克斯坦境内已开设 5 家孔子学院，在华的哈萨克斯坦留学生更是达到了 1.4 万人之多，较 2018 年哈萨克斯坦来华留学生人数增长超过了 10%。

时代以及科技的不断发展使得在他国留学愈发便利，中哈之间良好的国际关系，对渴望在中国学习进修的哈萨克斯坦学生来说，可谓是具备了“天时、地利、人和”。

根据中国教育部于 2019 年公布的数据，接收来华留学生排名前十的省市依次为北京(16.41%)、上海(12.47%)、江苏(9.30%)、浙江(7.76%)、辽宁(5.66%)、天津(4.81%)、广东(4.48%)、湖北(4.34%)、云南(3.92%)和山东(3.88%)。由于哈萨克斯坦来华留学生总体人数庞大，所以该宏观数据具备一定参考价值。从统计数据中可以看出，很大一部分来华留学生集中在京津地区及江浙沪地区，这些地区均位于中国东部，经济、教育比较发达。

参考文献

中文部分

著作类：

[1] 中国银行股份有限公司，社会科学文献出版社．哈萨克斯坦 [M]. 北京：社会科学文献出版社，2016.

[2] 赵常庆．哈萨克斯坦 [M]. 2 版．北京：社会科学文献出版社，2015.

[3] 葛新蓉．哈萨克斯坦 [M]. 大连：大连海事大学出版社，2019.

期刊类：

[1] 宋晶．哈萨克斯坦职业教育现状与发展趋势 [J]. 深圳职业技术学院学报，2017，16（6）：13-18.

[2] 王正青，苟鸣瀚．独立后哈萨克斯坦职业技术教育现代化发展历程与举措 [J]. 比较教育研究，2021，43（1）：52-59.

[3] 钱广贵，阿赛乐．哈萨克斯坦留学生对中国高等教育形象的认知研究 [J]. 新闻研究导刊，2019，10（2）：221-225.

[4] 叶玉华．哈萨克斯坦现代教育体系的发展 [J]. 外国教育研究，2003，30（9）：59-62.

[5] 曾婷．高等教育国际化背景下哈萨克斯坦高校多语教育探析 [J]. 当代外语研究，2018（5）：7-15，108.

[6] A. 努尔马甘别托夫．哈萨克斯坦共和国的现代教育体制 [J]. 兰州大学学报（社会科学版），2002，30（5）：60-64.

[7] 马新英，程良宏．哈萨克斯坦《2011—2020 年国家教育发展纲要》中高等教育改革解读 [J]. 俄罗斯中亚东欧市场，2013（2）：118-125.

[8] 梁焱．以“三语教育”为载体的哈萨克斯坦民族高等教育现代化进程及启示 [J]. 教育探索，2019（6）：120-125.

[9] 高欣．哈萨克斯坦共和国高等教育改革状况 [J]. 东欧中亚研究，2001（3）：92-94.

[10] 阿依提拉·阿布都热依木．哈萨克斯坦独立后 20 年的教育现状探究 [J]. 新疆师范大学学报（哲学社会科学版），2012（1）：47-55.

[11] 储诚意．哈萨克斯坦的高等教育及其改革 [J]. 安庆师范学院学报（社会科学版），2009（9）：66-70.

[12] 况雨霞．博洛尼亚进程下哈萨克斯坦高等教育的质量保障 [J]. 吉林省教育学院学报（上旬），2012（10）：40-42.

[13] 王雪梅，海力古丽·尼牙孜．哈萨克斯坦高等教育国际化发展研究 [J]. 比较教育研究，

2016(8):7-17.
[14] 阿依提拉·阿布都热依木,刘楠."一带一路"倡议下中国与哈萨克斯坦教育合作的政策对接与实践推进 [J]. 比较教育研究,2019,41(12):22-29.
[15] 冯涛.来自中亚转型国家的经验:哈萨克斯坦助学贷款制度设计评价及借鉴 [J]. 高教探索,2015(7):61-66.
[16] 王正青,陈昀."一带一路"倡议下中国与中亚五国高等教育合作举措与展望 [J]. 教师教育学报,2021,8(2):110-117.

学位论文类:

[1] AIGUL D. 哈萨克斯坦共和国义务教育改革研究:基于中国上海教师队伍建设的若干经验 [D]. 上海:上海师范大学,2019.
[2] 博萨科娃·古扎丽.哈萨克斯坦基础教育学制改革中的问题及对策思考 [D]. 上海:上海师范大学,2017.
[3] 高菲.中国与哈萨克斯坦中学思想政治教育比较研究 [D]. 伊犁:伊犁师范学院,2017.
[4] 王培培.哈萨克斯坦高等教育研究 [D]. 兰州:兰州大学,2013.
[5] 迪娜拉.哈萨克斯坦高等教育管理问题研究 [D]. 大连:大连海事大学,2015.
[6] 李爽.博洛尼亚进程影响下的哈萨克斯坦高等教育 [D]. 上海:上海师范大学,2010.
[7] 齐小鹍.中国与哈萨克斯坦高等教育对接的前提对策与风险研究 [D]. 大连:大连理工大学,2020.

电子资源类:

[1] 中华人民共和国教育部. 2018 年来华留学统计 [EB/OL].(2019-04-12)[2024-06-24]. http://www.moe.gov.cn/jyb_xwfb/gzdt_gzdt/s5987/201904/t20190412_377692.html.
[2] 张霄.哈萨克斯坦在华留学生已达 1.4 万人 学汉语在哈蔚然成风 [EB/OL].(2019-01-15)[2024-06-24].https://www.yidaiyilu.gov.cn/p/77348.html.
[3] 世界大学 QS 排名 [EB/OL](2024-05-01)[2024-06-24]. https://www.topuniversities.com/world-university-rankings.

外文部分

著作类:

[1] CHRISTOPHER S C, MOLLY N N, JOHN N H, et al. The palgrave handbook of Asia Pacific higher education[M/OL]. London:Palgrave Macmillan,2016.

期刊类:

[1] MHAMED A A, VOSSENSTEYN H, KASA R. Stability, performance and innovation orientation of a higher education funding model in Kazakhstan[J]. International journal of educational development,2021,81.

[2] IBRAEV A Z, KUL'EVSKAYA Y G, ULEZ'KO G G, et al. Reforming the system of research-staff training: Doctoral (Ph.D) education in Kazakhstan[J]. Scientific and technical information processing, 2015, 42(2): 78-84.

第二章　土耳其中高等教育研究

第一节　土耳其国家概况

一、地理位置和行政区划

土耳其共和国（The Republic of Türkiye），简称土耳其，横跨亚、欧两大洲，北临黑海，南临地中海，东南与叙利亚、伊拉克接壤，西临爱琴海，与希腊、保加利亚接壤，东部与格鲁吉亚、亚美尼亚、阿塞拜疆和伊朗接壤。土耳其拥有贯通东西方的枢纽性地缘战略地位，其地理位置和地缘政治战略意义极为重要，是连接欧亚的十字路口。

土耳其的国土总面积为 783 600 平方千米，海岸线长 7 200 千米，陆地边境线长 2 648 千米。其国土主要位于小亚细亚半岛。土耳其的国土包括西亚的小亚细亚半岛（安纳托利亚半岛）和南欧巴尔干半岛的东色雷斯地区。在小亚细亚半岛和东色雷斯地区之间的是由博斯普鲁斯海峡、马尔马拉海和达达尼尔海峡组成的土耳其海峡，它是连接黑海和地中海的唯一航道。土耳其境内绝大部分为高原、山地，仅沿海地区分布有狭窄的平原。

土耳其首都为安卡拉，全国共分为 81 个省。行政区划等级为省、县、乡、村。最主要的三个历史悠久的著名城市为伊斯坦布尔、安卡拉和伊兹密尔，伊斯坦布尔是土耳其最大的城市。

二、人口、民族和语言

据统计，截至 2023 年，土耳其人口数量约为 8 537 万，从人口统计上看，土耳其是一个越来越年轻和富裕的国家，对教育有巨大的需求。

在土耳其人口中，土耳其族占 80% 以上，库尔德族约占 15%。土耳其族是现代土耳其共和国的主体民族，是 11 世纪以后由中亚迁入小亚细亚的，大多数人信奉伊斯兰教。该民族主要分布于土耳其、德国、法国及其他一些国家（如伊拉克、阿塞拜疆等）。关于他们的血统，多数可追溯到安纳托利亚的安纳托利亚人、希腊人、高加索人、库尔德人，以及古代的赫梯、吕底亚人与后来巴尔干半岛的居民。库尔德族是土耳其人口最多的少数民族，有 1 400 万人，其中大约700万人生活在东部和东南部大片地广人稀的地区。库尔德人大多数是穆斯林。

土耳其的官方语言为土耳其语。在土耳其历史上,凯末尔·阿塔图尔克(Kemal Ataturk)在文化与教育方面的改革中,发挥了重要作用。阿拉伯语便于速记,但不适合土耳其语的发音,给土耳其人学习和书写文字带来了很大的不便,加之国内政权的平稳以及当时苏联文字改革的经验,凯末尔决定改革土耳其的文字,以提高国民的识字率。新字母的形成与纯化过程虽然历经波折,但是最后在国家文字特别委员会的不懈努力下还是取得了令人满意的结果。

三、教育

1. 土耳其教育现代化改革

土耳其教育的真正现代化始于土耳其共和国成立。在土耳其共和国的缔造者、第一任总统凯末尔的改革中,将教育总目标规定为,把每一位土耳其人培养成为献身于凯末尔主义和土耳其民族主义改良运动的公民,具有建设精神、改革精神和生产能力;通过发展人们的兴趣、才智和能力,使全体土耳其公民获得为寻求幸福和为社会做贡献所必需的知识、技能、观念、协作习惯和职业专长,从而为谋生铺平道路。

土耳其共和国成立之后,教育因被视为"追赶现代文明"的重要途径而受到特别的重视。1924年,标志土耳其教育世俗化与现代化开始的《教育统一法案》(*The Law of Unification of Instruction*)得以颁布实施,它规定:土耳其所有的学校都隶属于教育部,教育部负责管理与监督全国各项教育事务;学校必须向受教育者提供非宗教的现代化教育,传授西方科学技术、文化知识和思维方式;取消公立教育和私立教育中的宗教教育,禁止用阿拉伯文和波斯文进行教学,增加土耳其语和土耳其历史教育;对于国内办的宗教学校,由教育部接管,进行统一管理;对于外国人办的宗教学校,遵守教育部的要求,采用土耳其语教学。

至此,土耳其以法律形式将教育机构置于国家的监管之下,从而赋予学校教育新的使命,即学校在国家监督下向每一个人提供的教育应该是脱离宗教的、是现代化的,并应该有助于在土耳其的公民中建立起一种公共的意识。现代化的一个重要表征,即人的现代化培养被明确——学校要把儿童培养成有文化的好公民。

2. 土耳其教育体系

土耳其具有十分完善的国民教育体系。土耳其现行国民教育主要分为正式教育与非正式教育。正式教育指学校教育系统,包括学前教育、初等教育、中等教育和高等教育;非正式教育为从未接受过正规教育的人提供培训、教学和指导。

非正式教育被视为正规教育的补充,在这种类型的教育中,受教育者会综合考虑自己的兴趣和需求,进入培训机构或公共教育中心等非正规教育机构学习。受教育者可以自主选择课程、时间以及学习形式。非正规教育分为普通非正规教育和职业非正规教育,主要形式包括：公开课、学徒式培训、远程教育和非政府组织提供的证书培训。其中，公开课指的是为扩大文化价值的影响力，在公共场所为公民开设的普通教育科学信息文化课程，以及不定期举行的研讨会、展览、竞赛等多种形式的活动。学徒式培训指的是土耳其关于职业培训的第3308号法令中规定的，14岁以上满足相关要求的人可以在规定的110个行业中作为候选学徒来接受培训；根据行业性质的不同，可以接受2~4年的培训；培训结束后，通过相关考试的人可以获得学徒证书。与正式教育不同的是，接受非正式教育的受教育者在完成培训后将获得相应的证书，而不是文凭，因此非正式教育也被称为非学历教育。

3. 土耳其义务教育

1997年以前，土耳其义务教育的年限为5年，学生接受5年的小学教育。在土耳其，小学有时被称为“第一所学校”或“第一等级”。小学阶段的课程主要包括：土耳其语、数学、生活、外语、生理卫生、宗教和道德知识、音乐、视觉艺术、体育等。公立学校从二年级开始开设外语课，学习人数最多的为英语课，少数学校开设德语课、法语课和西班牙语课。一些私立学校同时开设两门外语课。学生在小学毕业后进入中学接受3年的初中教育。

1997年，土耳其议会通过法令将义务教育定为“5+3”模式，即学生接受5年的初等义务教育，随后可以按照个人意愿接受3年的中等教育。2012年，为了提高国内初等教育入学率，缩小地区教育差距，消除教育的性别不平等现象，土耳其在义务教育方面进行了结构性的重大变革，实行“4+4+4”模式的12年义务教育，即小学教育、初中教育、高中教育各4年。

这次改革将中等教育纳入义务教育，将义务教育年限由8年延长至12年。义务教育费用由国家财政资助，公立学校实行免费教育。学生接受义务教育的年龄也从之前的6岁提前到5.5岁，且年满5岁的孩子，在监护人同意的情况下，也可以接受小学教育。

截至2023年，土耳其大约有中小学55 839所。土耳其教育部2020年公布的统计数据显示，土耳其学前教育至高中教育阶段共有学生18 241 881名，其中男生9 435 000名，女生8 806 881名；学前教育学生1 629 720名，小学生5 279 945名，初中生5 701 564名，高中生5 630 652名。公立学校共有学生15 189 878名（不包括学前教育学生），其中男生7 781 791名，女生7 408 087名；私立学校共有学生1 468 198名，其中男生804 170，女生664 028名。

土耳其的教育系统比较庞大，且高度集中。正式教育和非正式教育均以系统的、有计划的方式进行。教育部负责小学到高中的教育和成人教育。2010年起，教育部在五年战略规划的指导下在中央和地方落实相关战略规划。土耳其在教育方面特别是在高等教育方面加大投入，从而让学生在公立大学中有机会享受免费教育。一系列已实施的资助措施降低了弱势家庭的教育成本。目前，土耳其师资力量充足，同时教育质量也在提升。土耳其学校领导和教师中具有学士学位者的比例不断提高。自2016年以来，土耳其通过正式师资培训加强了师资质量，同时注重教学评估（包括内部评审和外部评审）的质量和范围。土耳其的教学评估频次比其他经济合作与发展组织（经合组织）国家多，且还在进一步加强。

四、经济

土耳其地跨亚、欧两大洲,在政治、经济、文化等领域均采用欧洲模式。作为经济合作与发展组织创始成员国和二十国集团的成员,土耳其拥有雄厚的工业基础,为世界新兴经济体之一,亦是全球发展最快的国家之一。

土耳其从 20 世纪 80 年代实行对外开放政策以来,经济实现跨越式发展,由经济基础较为落后的传统农业国向现代化的工业国快速转变。自 2002 年以来,土耳其加大基础设施建设投入,不断改善投资环境以吸引外资,大力发展对外贸易,经济建设取得突出成就。2003 年至 2015 年,土耳其经济总量从 3 049 亿美元增长至 7 200 亿美元;人均国民收入从 4 559 美元增至 9 261 美元。根据国际货币基金组织 2021 年发布的数据,2020 年土耳其经济总量约为 7 507 亿美元,2021 年为 8 027 亿美元,人均国内生产总值 9 539 美元,国内生产总值增长率为 11.0%。

土耳其是中东地区工业化程度较高的国家之一。在整个社会经济发展战略中,工业化始终占据土耳其国民经济发展中的核心地位。近年来,土耳其的机械工业异军突起,成为加工业中发展最为迅速的工业部门,其他工业部门包括家用电子工业、食品工业、石化工业、造纸工业、纺织工业、水泥和玻璃工业,其中机械工业中的汽车行业成为仅次于纺织行业的第二大行业,产值大约占土耳其总产值的 5%。从土耳其工业发展趋势看,其前景十分广阔,未来充满活力和希望。

第二节　土耳其中等教育制度

一、中等教育概述

(一)行政管理机构

土耳其是统一的中央集权管理的国家。土耳其教育部负责管理国家从初等教育到高等教育各阶段的各项工作,不同的部门分管教育的不同方面。省级和地方教育厅在土耳其 81 个省实施教育政策。2011 年颁布的《教育部组织机构与职责相关法》对教育部的组织架构、各下属职能部门的职责进行了调整,将教育行政体制在组织层次上分为国家、省(市)和县三级。

土耳其教育部负责课程的设置、教育机构之间的协调、学校建筑的建设施工等。省级教育活动由教育部部长委任的省教育厅厅长负责管理。中央和地方的地级或省级机关都要对教育机构进行监管。初等教育机构由省初等教育督察长执行监管,中等教育机构则由土耳其教育部委任的督察长执行监管。

（二）教育机构

土耳其各级正规教育服务大部分由公共教育机构提供。此外，协会、基金会等也可以开设、运营针对小学和中学阶段的私立教育机构，私立教育机构应服从和公立机构相同的教育安排和认证规定，如课程、教师资格、教学日 / 周 / 年的时间长度、教学评估、教学进度与文凭发放等方面的规定。

二、初级中等教育

在土耳其，初中有时被称为“第二所学校”或“第二等级”。初级中等教育的目的是确保每个孩子都能获得基本知识、技能、行为和形成好的习惯，并遵守国家倡导的道德观念。

土耳其初级中等教育新课程涉及数学、科学、社会科学、生命科学和土耳其语 5 个主题领域。在新课程中，每个学科的设计都基于共同的基础，这些基础包括社会、个人、经济和历史文化 4 个部分。新课程鼓励儿童通过探索、解决问题、思考和交流以及其他需要高层次认知的发人深省的过程，积极建构自己的知识体系；更重视学生的思维过程，强调学生的批判性思维和获得各种技能、观念、价值观的重要性，而非记忆式的学习。

在初级中等教育结束后，学生将参加统考，并根据成绩和自身需求进入高中阶段学习，包括普通高中（有普通和特殊两种类型）、职业 / 技术高中（包括宗教学校）等。希望进入普通高中的学生在八年级期末参加初级中等教育升入高级中等教育的选拔考试（Transition from Primary to Secondary Education，TEOG），其考试科目包括土耳其语、数学、宗教和伦理学、科学、历史和凯末尔主义以及外语。

三、高级中等教育

高级中等教育即高中教育，包括普通高中教育、职业 / 技术高中教育等，是义务教育的一部分。完成 8 年初级中等教育的学生可以在高中注册，可以选择在普通高中、职业 / 技术高中等进行学习。高中教育学制为 4 年，即九年级至十二年级。据统计，2012 年“4+4+4”模式改革后，高中的入学学生人数大幅增加，从 2010 年的 369 万人增加到 2013 年的 499 万人。截至 2023 年，土耳其共有高中 12 535 所。

（一）高级中等教育机构

土耳其的高中类型多样，一方面能让学生根据自身特点进行选择，另一方面也能为国家培养更多专业型人才。高级中等教育机构主要分为如下几种。

1. 安纳托利亚高中

安纳托利亚高中的培养对象主要是未来准备参加全国统一考试的学生。教育年限一般为 4 年，但也有一些安纳托利亚高中需要学生参加 1 年的外语预科班，在此基础上再接受高中教育。安纳托利亚高中以外语教学见长，为学生提供大量额外的外语课程，同时也提供第二外语课程。因此每周的课程数量多于其他高中。

2. 科学高中

科学高中的培养对象主要是未来准备参加全国统一考试的学生，尤其是那些对科学感兴趣或有天赋的学生。这些学生毕业后，大多会选择进入大学的理工科专业继续深造。

3. 社科高中

社科高中与科学高中对应，重视人文学科，学生高中毕业后，一般会选择大学的社会人文学科专业就读。

4. 宗教高中

宗教高中为宗教机构培养未来的伊玛目(一种宗教职务)、传教士和可兰经教师。宗教高中是由教育部设立的，既有职业教育项目，又有为高等教育设计的教育项目。

5. 职业 / 技术高中

土耳其职业 / 技术高中提供职业技能教育和技术培训，为学生提供理论知识、职业技能和实践操作等方面的课程，帮助学生掌握某项专门技能，确保他们毕业后能顺利就业或升入两年制的高等职业学院。职业 / 技术高中毕业生可以在大学附属的职业技术学校或独立的职业技术学校学习，无须参加考试。职业学校包括工业、公共卫生、商业、农业等方面的学校；技术学校包括电力、电子、化学、机械、电机、建筑方面的学校等。特殊的女子职业学校致力于培养家政等方面的技术人才。学生可以在学校中学习电子、机械、烹饪、建筑、制造、医护、美容等职业领域的技术。技术高中毕业生将获得中等技术学校文凭或国家技术高中文凭。职业高中毕业生将获得中等职业学校文凭或国家职业高中文凭。持有这两种文凭的毕业生均可参加大学入学考试，但大多数学生通常会继续在高等职业学院学习。在土耳其，职业 / 技术高中为学生提供了在国内市场和国际市场上的竞争机会，因此近年来，越来越多的学生选择进入职业 / 技术高中接受职业培训和教育。

6. 艺术高中

艺术高中面向艺术方面有特殊兴趣和才华的学生，旨在为这些学生尽早提供学习机会，艺术高中又分为美术、音乐等类别，培养课程也会随之调整。

在上述土耳其高级中等教育机构中，安纳托利亚高中、科学高中、社科高中主要针对要参加全国统一考试、继续到大学深造的学生；而宗教高中、职业 / 技术高中和艺术高中则更像职业高中，但部分毕业生也有机会进入大学学习。

(二)普通高中教育

普通高中的入学基于在八年级期末举行的初等教育升入中等教育的选拔考试。其考试科目包括土耳其语、数学、宗教和伦理学、科学、历史和凯末尔主义以及外语。若学生没有达到目标学校的分数线，则会被分配到居住地附近的学校。

土耳其普通高中教育注重教学，力求为学生接受高等教育做好准备。全国范围内所有高中的九年级开设相同的课程，包括：土耳其语、土耳其文学、数学、物理、化学、生物学、几何学、历史、地理、宗教和伦理学、体育、外语（大多数情况下是英语）、第二外语（最常见的是德语）。

升入十年级时，学生可以选择某些科目进行重点学习，如自然科学、社会科学、艺术、外语。当学生进入十一年级时，他们通常会选择一个具体方向进行深入学习，包括：土耳其语-数学、科学、社会科学和外语。学生会获得他们所选择的学术课程的文凭。十年级、十一年级和十二年级学生的必修课程包括：土耳其语、土耳其文学、历史等。除此之外，学生还可以学习数学、几何学、统计学、物理、生物学、化学、地理、哲学、心理学、社会学、经济、艺术和音乐、计算机、体育、外语等。

经过四年的学习，高中毕业生获得中等学校文凭（图 2-1）。同时，学生也会根据其所选分科获得相应的文凭，如果他们想在相应的领域继续接受高等教育，就会拥有一定的优势，因为大学入学考试成绩会根据学生的分科进行加权。例如，一名科学方向的学生在申请医学本科时相较于土耳其语-数学方向的学生有一定优势。持有中等学校文凭的毕业生有参加全国统一高等教育入学考试的权利。

在中学阶段，大多数学校遵循教育部批准的 1~5 级评分标准（1 级为最低分，5 级为最高分），图 2-2 为土耳其学生的高中成绩单。土耳其中等教育的分数评定较严格，学生的等级评定大多集中在 2 级或 3 级。由于土耳其中等教育普遍的等级分布，4 级和 5 级相当于美国的 A 级。在土耳其，5 级评分并不常见。

图 2-1　土耳其高中毕业证书

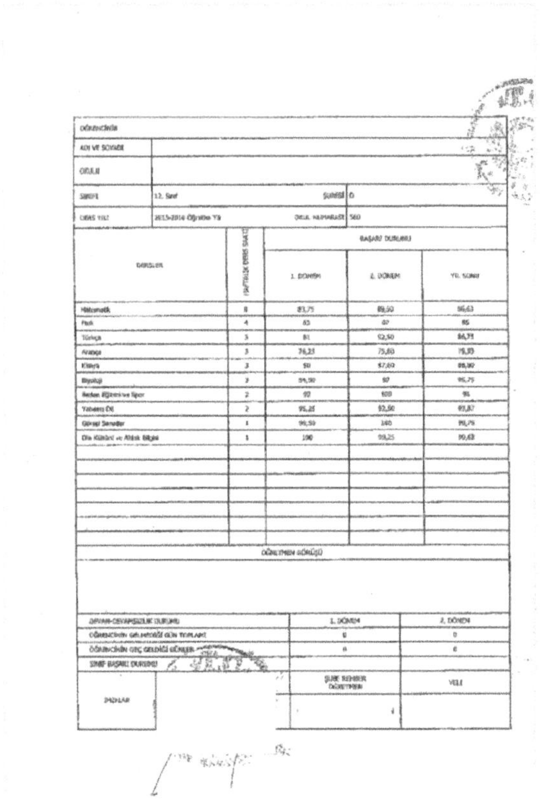

ÖĞRENCİNİN				
ADI VE SOYADI				
OKULU				
SINIFI	12. Sınıf	ŞUBESİ	D	
DERS YILI	2015-2016 Öğretim Yılı	OKUL NUMARASI	560	

DERSLER	HAFTALIK DERS SAATİ	BAŞARI DURUMU		
		1. DÖNEM	2. DÖNEM	YIL SONU
Matematik	8	83,75	89,50	86,63
Fizik	4	83	87	85
Türkçe	5	81	92,50	86,75
Arapça	3	76,25	75,60	75,93
Kimya	3	90	87,60	88,80
Biyoloji	3	94,50	97	95,75
Beden Eğitimi ve Spor	2	92	100	96
Yabancı Dil	2	95,25	92,50	93,87
Görsel Sanatlar	1	99,50	100	99,75
Din Kültürü ve Ahlak Bilgisi	1	100	99,25	99,63

ÖĞRETMEN GÖRÜŞÜ

DEVAM-DEVAMSIZLIK DURUMU	1. DÖNEM	2. DÖNEM
ÖĞRENCİNİN GELMEDİĞİ GÜN TOPLAMI	0	0
ÖĞRENCİNİN GEÇ GELDİĞİ GÜNLER	0	0
SINIF BAŞARI DURUMU		

İMZALAR	ŞUBE REHBER ÖĞRETMENİ	VELİ

图 2-2　土耳其高中成绩单

第三节　土耳其高等教育制度

一、本科教育制度

（一）入学制度

土耳其的高中毕业生，即持有普通高中文凭、中等技术学校文凭或中等职业学校文凭的毕业生，均有资格接受高等教育。通常普通高中毕业生进入大学本科学习，技术学校和职业学校的毕业生继续在高等职业学院深造。

土耳其大学本科的录取基于学生从中学开始的平均学分绩点（GPA）和全国统一高等教育入学考试（相当于中国的高考）的成绩。土耳其根据学生的考试成绩及中学阶段每门学科成绩的平均学分绩点安排学生就学，同时对达到全国统一高等教育入学考试录取分数线的所有考生的成绩进行标准化操作，兼顾学生所在中学的类型以及所学习的课程。

高等教育机构考试（YKS）由测量、选拔与安置中心（ÖSYM）组织。高等教育机构考试分为三个部分：基本能力测试（TYT）、专业资格考试（AYT）、外语（英语）能力考试（YDT）。其中，所有考生必须参加基本能力测试，该测试的成绩是否达到要求决定其是否有资格参加专业资格考试和外语能力考试。

基本能力测试，时长 135 分钟，包括 4 个科目：

1）土耳其语考试（40 题）；

2）文科考试，包括地理（5 题）、宗教和伦理（5 题）、哲学（5 题）、历史（5 题）；

3）数学考试（40 题）；

4）科学考试，包括生物学（6 题）、物理（7 题）、化学（7 题）。

专业资格考试，时长 180 分钟，共 160 题，包括 4 个科目：

1）土耳其语言文学和社会科学Ⅰ测验（土耳其语言文学，历史Ⅰ和地理Ⅰ）；

2）社会科学Ⅱ测验（历史Ⅱ、地理Ⅱ、哲学）；

3）数学测试；

4）科学测试。

外语能力考试，时长 120 分钟，共 80 题。

基本能力测试成绩达到 150 分或以上的考生，可以选择进入仅凭基本能力测试分数即可入学的高等教育机构，这些机构多为大专院校，即开设副学士学位课程的学校。基本能力测试成绩为 180 分或以上的考生，有资格参加专业资格考试，在理科、文科以及语言类专业资格考试中取得 150 分以上成绩的考生有资格进入本科院校。

考试结果通常在 6 月下旬公布，学生必须在 7 月的最后一周填报志愿。

土耳其高等教育机构招生的方式根据专业不同分为两种，即中央选拔与安置以及特殊能力考试选拔与安置。

1）中央选拔与安置。中央选拔与安置系统由测量、选拔与安置中心负责规定高等教育的专业、附加分数项、高等教育各专业的名额和入学条件。在这个招生系统下，学生要参加统一考试，并遵循选拔与安置中心的规定来报考高等教育机构。

2）特殊能力考试选拔与安置。特殊能力考试选拔与安置系统针对的是有特殊技能的学生，如体育、美术等特长生。基本能力测试成绩在 180 分以上（残疾学生该项测试成绩在 100 分以上），且符合所报考专业的招生要求和特殊条件的学生可以向有关高等教育机构提出申请。各院校根据高等教育委员会制定的规则，对学生进行技能考试，并按照考生的成绩排名，在配额内进行选拔。

（二）学位授予制度

（1）副学士学位

开设副学士学位课程的主要是附属于大学的“高等专业教育学校”，相当于中国的大专，学制为 2 年，所获学历分为大学大专学历（证书如图 2-3 所示）和高等职业学院大专学历（证书如图 2-4 所示）。学生完成两年制大学学业，并获得 64 个土耳其学分，即 120 个欧洲学分互认体系[1]（ECTS）学分，即可获得副学士学位。

图 2-3　土耳其大学大专学历证书

图 2-4　土耳其高等职业学院大专学历证书

（2）学士学位

学生完成 4 年的大学本科学习，方可获得学士学位（证书如图 2-5 所示）。但是，攻读医学、牙医学、药学和兽医学的学生需要学习 5~6 年才能获得学士学位。标准学士学位是在完成大学 4 年学业后授予的，通常至少需要获得 128 个土耳其学分，即 240 个 ECTS 学分。牙医学和兽医学学制为 5 年，牙医学专业的学生毕业后将被授予牙医文凭及行医资格，兽医学

[1]　欧洲学分互认体系（European Credit Transfer System，ECTS），是欧洲各个国家间在高等教育领域互相衔接的学分系统，有利于各国高等教育的合作交流，在欧洲教育系统里，在一个完整的学年中，学生需要获得 60 个 ECTS 学分。

专业的学生在毕业后将获得兽医文凭及行医资格；医学学制为 6 年，学生毕业后将获得医生文凭及行医资格。牙医学、兽医学、医学 3 个专业的本科毕业生在毕业后可以直接申请攻读博士学位，因此拥有这 3 个专业的资格证相当于拥有了硕士学位。

图 2-5　土耳其学士学位证书

二、研究生教育制度

（一）硕士、博士研究生入学制度

土耳其研究生课程分为硕士课程和博士课程。申请攻读硕士、博士学位者须参加 ALES（土耳其语，Akademik Personel ve Lisansüstü Eğitim Giriş Sınavı）考试。该考试由测量、选拔和安置中心组织和管理，每年 3 月和 11 月举行两次。土耳其的研究生申请每年也有两次，分别在春季和秋季。申请日期因学校而异，春季招生一般在 1 月、2 月和 3 月，秋季招生一般在 8 月和 9 月。

ALES 考试一共有四个部分——数学1、数学2、语言1 和语言2，每个部分有 50 题，共 200 题，考试时长为 180 分钟。ALES 考试的成绩有效期为 3 年，在这 3 年内，学生可自由地使用自己的考试成绩申请攻读硕士或博士学位。

ALES 考试设有根据不同专业对相关科目成绩进行加权的规定。例如，常用数学的硕士或博士专业，如工程、建筑和科学等专业，会对数学成绩进行加权，而文学、法律、语言、历史、地理等人文科学的硕士或博士专业，则会对语言成绩进行加权。

根据土耳其高等教育委员会的规定，学生的 ALES 分数是独立的，但是 ALES 分数占比不得低于评估标准的 50%。换句话说，学生在 ALES 考试中获得高分也不一定能进入硕士或博士研究生阶段学习,学校的自主考试和面试也起着关键的作用。硕士和博士学位申请者也可用 GMAT(经企管理研究生入学考试)或 GRE(留学研究生入学考试)成绩代替 ALES 成绩。

若申请学术型硕士学位(需发表论文的硕士学位),申请者通常须从四年制本科毕业并在 ALES 考试中至少获得 55 分。申请者要在各个学校要求的时间内进行预登记,之后按照学校的需要和安排参加语言考试,若语言考试通过,则进入面试阶段。通过所有考核之后,申请者则获得入学资格。申请非学术型硕士学位则不需要 ALES 考试成绩。

申请攻读博士学位者必须具有硕士学位。通常来说,攻读硕士学位的申请者必须在 ALES 考试中至少获得 55 分。除了 ALES 考试成绩,申请者还需要在外语能力考试中获得 55 分以上,或者在校际委员会中接受另一门外语考试并达到相同分数要求。不过,根据大学参议员的决定, ALES 考试评分的申请限制标准每年都在变化,去年需要 ALES 考试分数的大学,今年可能已不再将其作为入学要求。

(二)学位授予制度

1. 硕士

硕士课程有两种类型:学术型硕士课程和非学术型硕士课程。取得硕士学位须满足以下基本要求,但各学校各专业可以在此基础上自行设立标准,证书如图 2-6 所示。

1)学术性硕士的学制为 2 年,学生至少修满 60 个土耳其学分(120 个 ECTS 学分),其中包括至少 8 门课程(含研讨课),每学期不少于 60 个 ECTS 学分。另外,学生须撰写一篇论文才能毕业。

2)非学术型硕士的学制为 1.5 年,学生须修满 30 个土耳其学分(60 个 ECTS 学分),完成至少 10 门课程以及 1 门学期专题课程。学生必须在修读学期专题课程的学期内注册学期专题课程,并在学期末提交一份书面项目设计或报告。学期专题课程不计入学分,按通过与否进行评估。

2 年学制的学术型硕士以及 1.5 年学制的非学术型硕士毕业后都将被授予硕士学位。

2. 博士

博士研究生的学制大约为 4 年,学生须完成 7 门课程的学习,修满 21 学分,并通过专业资格考试,在完成这些项目的基础上,博士研究生需要完成毕业论文并通过答辩,方可获得博士学位,证书如图 2-7 所示。

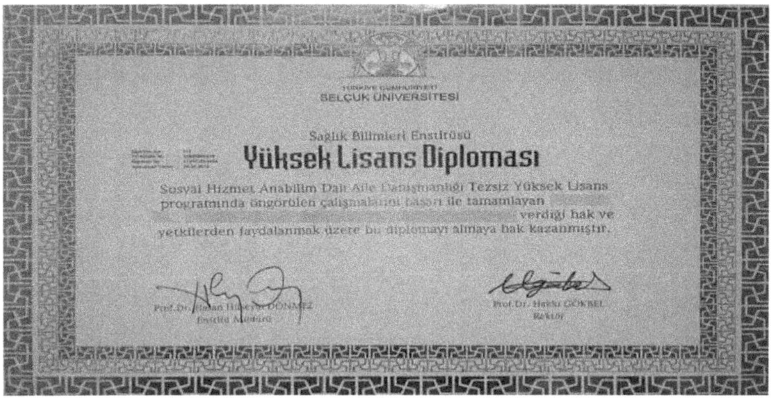

图 2-6　土耳其硕士学位证书

图 2-7　土耳其博士学位证书

三、高等教育机构

土耳其高等教育机构包括公立大学、私立大学、高等职业院校和远程开放大学。在满足特定条件的情况下，土耳其的私立大学可在一定范围内获得公共资金支持。私立大学基本上实现自主管理和运营，同时也要和公共教育机构采用相同的教育标准。

土耳其的大学系统由高等教育委员会监督和管理。截至 2020 年，土耳其共有 199 所高校，其中包括公立大学 124 所，私立大学 70 所。另有 4 所特殊大学，包括 3 所军校和 1 所警官学校。

（一）高等教育机构类型

1. 公立大学

公立大学有两种教育方式。一种是白天上课，另一种是晚上上课。公立学校不收学费，学生只需交付一笔小额的注册费即可入学深造。只有通过全国统一高等教育入学考试的学生才有机会进入大学深造,顺利完成4年大学课程的学生可获得学士学位。有些公立大学的教学语言为英语、德语或法语,但大部分公立大学的教学语言还是土耳其语。

2. 私立大学

1984年,土耳其的私立机构取得开办大学的权利。开办大学的根本目的是创建一个高等教育及研究中心,为社会输送高级人才。私立大学更积极地构建和选择全球教育及研究网络。大部分私立大学的教学语言为英语,几乎所有私立大学都为英语水平不够好的学生额外开设为期一年的英语课程。

私立大学的收费根据专业不同而有所差异,范围在6 000~20 000美元之间。这些大学虽然是私立性质的,但其为贫困学生提供了数额可观的助学金,超过40%的学生能够享受助学补助。

3. 高等职业院校

高等职业院校为高中毕业生提供两年制大学教育,其教育模式类似于美国的社区大学。高等职业院校毕业生可获得副学士学位,并可以参加全国入学考试,成绩优秀的学生可以进入大学继续深造。

4. 非正规高等教育

非正规高等教育主要涉及两个方面,即普通非正规高等教育和职业非正规高等教育,后者又可以分为公共教育、学徒培训和远程教育。女子实用艺术学校、女子高级技术学校、工业实用艺术学校、成人技术教育中心、公共教育中心和学徒培训中心是非正规高等教育机构的一些具体形态。非正规教育活动包括为那些从未接受过正式教育的人,以及那些具备某一级正式教育水平的和脱离正式教育的人提供的培训、教学、指导,以及作为正式教育补充的实用性教学活动,目的是在这些人原有的教育基础上提升他们的知识和技能水平。从非正规高等教育体系毕业的学生获得的学位证书与从正规高等教育体系毕业的学生获得的学位证书的学位名称是一致的,但是证书本身是不同的,正规高等教育体系的学位证书的含金量更高。

2009年,土耳其教育部根据欧盟有关文件,出台了《终身学习战略文件与行动计划》,明确了16项优先行动。副学士学位、学士学位持有者以及大学本科生不用参加入学考试就能申请远程教育、夜校课程和在线网络课程。

(二)大学排名

1. 土耳其大学分布情况

土耳其的高校均处于高等教育委员会管理之下,截至2021年,土耳其共有合法高校199所。与许多发展中国家相同,在经济较发达的地区,如首都安卡拉、伊斯坦布尔等地区,高等教育发展程度较高,优质资源集中。而在经济落后地区,高等教育机构较少。2021年,土耳其三大城市高校数量统计见表2-1。

表 2-1　2021 年土耳其三大城市高校数量统计　　单位：所

省	公立大学	私立大学	特殊大学	总计
安卡拉	7	13	1（警校）	21
伊斯坦布尔	11	40	3（军校）	54
伊兹密尔	6	3	0	9

2. 排名的具体情况

根据 2023 年的 QS 世界大学排名（简称 QS 排名），土耳其表现较好的大学包括：科奇大学（排名 477）、中东技术大学（排名 501~510）、萨班哲大学（排名 531~540）、比尔肯大学（排名 561~570）、伊斯坦布尔技术大学（排名 601~650）。

在 2023 年的泰晤士高等教育世界大学排名（简称 THE 排名）中，土耳其表现较好的大学包括：科奇大学、詹卡亚大学、萨班哲大学、中东技术大学、伊斯坦布尔技术大学。

根据《美国新闻与世界报道》公布的 2023 年世界大学排名（简称 U.S. News 排名），土耳其排名最高的大学是詹卡亚大学，位列全球第 173 位。其他进入排名的土耳其大学包括：中东技术大学（547 名）、伊斯坦布尔技术大学（643 名）、科奇大学（679 名）、比尔肯大学（684 名）、伊斯坦布尔大学（745 名）。这些大学在土耳其有较高的声誉，并在国际上享有一定的知名度。2023 年土耳其大学排名如表 2-2 所示。

表 2-2　2023 年土耳其大学排名

大学名称	省份	QS 排名	U.S. News 排名	THE 排名
科奇大学（Koç University）	伊斯坦布尔	477	679	401~500
中东技术大学（Middle East Technical University）	安卡拉	501~510	547	501~600
萨班哲大学（Sabanci University）	伊斯坦布尔	531~540	953	401~500
詹卡亚大学（Cankaya University）	安卡拉	401~500	173	401~500
比尔肯大学（Bilkent University）	安卡拉	561~570	684	801~1000
伊斯坦布尔技术大学（Istanbul Technical University）	伊斯坦布尔	601~650	643	601~800
海峡大学（Boğaziçi University）	伊斯坦布尔	701~750	377	801~1000
哈斯特帕大学（Hacettepe University）	伊斯坦布尔	801~1000	554	601~800
伊斯坦布尔大学（Istanbul University）	伊斯坦布尔	801~1000	745	1001~1200
安卡拉大学（Ankara University）	安卡拉	1001~1200	722	—

（三）重点大学

1. 公立大学

（1）中东技术大学

中东技术大学是土耳其最好的公立理工类大学，每年全国统一高等教育入学考试前

1 000 名考生中有三分之一进入该校，该校理工科在全土耳其名列前茅，被称为土耳其的清华大学。中东技术大学坐落在安卡拉，成立于 1956 年，占地面积约为 4 500 公顷。该校设有 40 个本科课程、97 个硕士课程和 62 个博士课程，采用全英文授课，拥有教授、副教授等 750 名教学人员，400 名学术导师和 1 400 余名研究助理，2014 年度在校注册学生 26 500 余人，最有名的专业是计算机科学、物理和工程。该校与中国厦门大学合作运营土耳其第一家孔子学院。

（2）伊斯坦布尔大学

伊斯坦布尔大学建于 1453 年，坐落在伊斯坦布尔，为学生提供具有西方特色的工程教育。该校最有名的专业是工程学、化学和物理学。伊斯坦布尔大学在伊斯坦布尔市共有 9 个校区，下设 17 个学院（医学院、法学院、文学院、经济学院、管理学院、政治学院、神学院等）、5 个系（体育系、信息系、土耳其语系、外语系、艺术系）、12 所高等教育培训学院及数十个研究所和研究中心，约有 90 000 名在校学生。

（3）海峡大学

海峡大学位于土耳其的伊斯坦布尔市，建于 1863 年。前身为 1863 年成立的罗伯特学院，该学院是美国在海外建立的第一所美式高等教育机构，1971 年罗伯特学院托管理事会将该校区移交给土耳其政府，土耳其政府在其基础上成立公立海峡大学。学校设有工学院、艺术与科学院、经济和管理科学学院、教育学院、应用学科学院、外国语学院。该校的工学院包括化学工程、土木建筑、计算机工程、电气与电气工程、工业工程、机械工程等专业。该校最有名的专业是工程、物理和应用科学。

海峡大学为欧洲大学联盟（EUA）成员，从 1998 年起，其工学院的所有专业都得到美国工程与技术认证委员会认证。该校的学科专业设置灵活，课程覆盖面广，同时该校重视跨学科教育，确立了以研究为主的建校体制，重视研究生培养和学术研究。该校的经济和管理科学学院十分出名，土耳其商界的成功人士大多毕业于该学院。

（4）安卡拉大学

安卡拉大学是位于安卡拉的一所公立大学，创建于 1946 年，设有农学院、通信学院、教育学院、工程学院、法学院、医学院、理学院等 15 个学院。截至 2017 年，全校有教职工 3 729 人、学生 65 703 人。

2. 私立大学

（1）科奇大学

科奇大学建于 1993 年，坐落在伊斯坦布尔。科奇大学在 2023 年 QS 排名中位列第 477 位，是土耳其唯一进入 QS 排名前 500 位的学校，连续 5 年在土耳其排名第一。同时，根据 2023 年的 THE 排名，科奇大学有 5 个学科排名土耳其第一。工学在全球范围内排名 151~176，社会学全球排名 176~200，经济贸易、人文、心理学全球排名 201~250。医疗健康学土耳其排名第二，世界排名前 500。此外，科奇大学共有 7 个学科种类，为科奇大学成为多元化、全面化的高等教育学府奠定了基础。除了护理和法律专业，其他专业采用英语教学。国际生学费为每年 19 500 美元，本地生学费为每年 8 000~9 000 美元。

（2）詹卡亚大学

詹卡亚大学是一座位于土耳其安卡拉的私立大学。詹卡亚大学创建于 1997 年 7 月 9 日。2011 年詹卡亚大学的新校园投入使用，占地面积为 40 万平方米。詹卡亚大学以提供优质教育而闻名，可容纳 8 000 名学生，其热门专业为建筑学、文学与语言学、政治与国际研究（包括发展研究）、数学与统计学、通用工程、法律、计算机科学等。这所大学既接收本地学生，也接收国际学生，本地学生的学费约为每年 7 000 美元。

（3）比尔肯大学

比尔肯大学是土耳其第一所私立非营利性综合大学，建于 1984 年，坐落在安卡拉。该校最著名的专业是工程、化学、物理。国际学生的学费是每年 12 500~14 500 美元，本地生的学费是每年 7 600~8 000 美元。

（4）萨班哲大学

萨班哲大学建于 1994 年，是坐落在伊斯坦布尔的一所私立大学，由土耳其萨班哲集团下属的萨班哲基金会建立，该校于 1999 年正式招生，是一所参照美式教育模式设立的精英高等教育机构。有 42% 的该校在校生获得奖学金。国际生的学费是每年 10 000~18 000 美元，本地生的学费是每年 7 000~9 000 美元。

萨班哲大学采用全英文授课，共有 4 个学院，分别是工程与自然科学学院、艺术与社会科学学院、管理学院和语言学院，该校会为学生开展正式课程学习前的语言培训。萨班哲大学的本科专业有 13 个，研究生专业 41 个，另开设 10 个辅修专业。该校有全职员工 265 人，兼职员工 123 人。截至 2015 年，该校有本科生 3 318 名，研究生 779 名，历届毕业生超 7 000 人。

四、高等教育行政管理机构及发展政策

（一）高等教育行政管理机构

1. 高等教育委员会

土耳其的高等教育由高等教育委员会全权负责。1981 年土耳其政府颁布了《高等教育法》（*Law on Higher Education*）。《高等教育法》着力于三项重大变革：一是成立具有独立法人资格的自治性机构——高等教育委员会，由其负责全国高等教育及高等院校的管理，教育部不再干涉高等教育及高等院校的管理事宜；二是允许非营利性基金会建立私立大学；三是将各类独立设置的专门性学院（如科技学院）以及教育学院等高等教育机构与大学合并与整合，从而建立一元化的高等教育体制（unified system of higher education）。因此，根据

土耳其宪法和《高等教育法》规定，高等教育委员会负责土耳其高等教育的规划、协调和治理。

土耳其高等教育委员会是土耳其政府的一个独立机构，负责统筹、规划和监督土耳其高等教育系统，下设大学理事会、大学校长联席会和高等教育监事会等分支机构。土耳其高等教育委员会在高校市场化和大学管理等方面所扮演的角色相当重要。其主要职责如下。

1）管理和协调高等教育学院和大学的运作，审核高等教育内部机构，颁发大学毕业证书和被高等教育机构承认的文凭。

2）规定高等教育机构的质量标准以及大学教师招聘资格要求，审核高等教育机构的招生政策和课程设置，并协调高等教育机构的教育质量体系。

3）管理土耳其学生奖学金项目，并协调国际学生申请土耳其的大学。

4）负责制定土耳其高等教育系统的发展战略，通过提升教学质量和提供广阔的职业生涯前景，激励更多的年轻人接受高等教育，提高他们的学术水平和就业竞争力。

2. 高等教育学术评估与质量改进委员会

高等教育学术评估与质量改进委员会（Commission for Academic Assessment and Quality Improvement in Higher Education）于 2005 年设立，简称高等教育委员会。根据《欧洲高等教育区质量保证标准和准则》，高等教育委员会制定了“高等院校学术评估与质量发展”中的有关规定，就高校教学科研质量的评估与改进、管理服务、学生参与及外部评价等设定了一些基本原则。高等教育学术评估与质量改进委员会根据高等教育委员会设定的目标与策略框架，决定评估与改进高校学术和行政方面的具体程序，负责全国层面质量保障事务的协调与信息提供，同时为外部评估机构设定资质标准。

3. 测量、选拔与安置中心

测量、选拔与安置中心成立于 1974 年，隶属于教育部，主要负责高校招生录取工作。土耳其全国统一高等教育入学考试由测量、选拔与安置中心组织，由高等教育委员会监督。

（二）博洛尼亚进程

随着 21 世纪经济、社会与科学技术的发展，各国逐渐意识到以国际眼光重构本国高等教育系统的重要性。在此背景下，为在国际高等教育中发挥积极作用，协调与其他国家高等教育发展之间的关系和提高本国高等教育的竞争力，土耳其于 2001 年成为“博洛尼亚进程”的成员国。

“博洛尼亚进程”是欧洲高等教育一体化政策的关键部分，它以丰富多样的欧洲文化为基础，遵循高校自治、学术自由、机会均等和民主等原则，旨在创建一个开放的欧洲高等教育区（European Higher Education Area，EHEA）。该进程致力于加强多样的高等教育体系间的可比性和兼容性，提高欧洲高等教育的质量，以促进流动、提高就业，增强欧洲高等教育的吸引力和竞争力，进而发挥其在国际环境中的知识、文化等优势，重塑欧洲高等教育的辉煌。

1999年6月19日，欧洲（二十九国）的教育部部长，包括欧盟成员国和申请国在博洛尼亚举行会议，并签署了《博洛尼亚宣言》。该宣言达成了6项行动目标。①建立易于理解和可以比较的学位体系。通过引入“文凭附件”（Diploma Supplement，DS）的方法，提高参与“博洛尼亚进程”的欧洲各国高校毕业证书的可比性，让各国高校的毕业证书更透明。②致力于建立一个以两阶段模式为基础的二级制高等教育体系。重新布局学校结构，将高校的学制划分为学士学制和硕士学制两级，学士学制毕业生和硕士学制毕业生分别获得学士学位和硕士学位。③建立学分体系，如欧洲学分互认体系 。引入欧洲学分体系，便于不同国家的在校学生所修课程在国际上得到其他高校的认可，从而推动欧洲各国间学生的流动。④促进师生和学术及行政人员的流动，消除人员流动的障碍。⑤促进欧洲各国在教育质量保证方面的合作。各国制定和采用具有可比性、相容性的质量准则和评估方法。⑥在高等教育领域增强欧洲维度（European Dimensions）的建设。

2001年，土耳其加入“博洛尼亚进程”之后，其高校数量和招生人数都出现了大幅增长。截至2009年底，土耳其各类高等教育机构达152所，其中公立大学（包括高等技术学院）有94所、基金会大学亦即私立大学有45所，其他高等教育机构有13所。2024年，土耳其共有123所公立大学，65所私立大学。注册一级学位（包括副学士学位）和二级学位的学生人数从2001年的1 573 281人增长至2009年的2 867 673人。根据“博洛尼亚进程”的目标、内容等，土耳其着手加快本国高等教育改革的步伐。高等教育质量问题开始真正受到社会关注。

高等教育毛入学率是衡量一个国家高等教育发展状况的重要指标。2007—2015年，土耳其的高等教育毛入学率呈逐年增长趋势，且2010—2015年毛入学率均保持在50%以上。根据世界银行统计，2018年土耳其高等教育毛入学率为50.38%，2019年为49.94%，2020年为48.95%。2020年，该指标的下降主要受到了新冠疫情的影响。

第四节　土耳其职业教育情况

一、职业教育发展概况

（一）土耳其职业教育的管理机构

在国家层面，土耳其负责职业教育与培训的质量保证机构为教育部。教育部为土耳其职业教育与培训制定法规、政策和计划。此外，它还负责审批提供任何类型的职业教育与培训的教育机构，但高等教育职业学校除外。具体而言，教育部的技术与职业教育总局负责职业教育的管理、指导与监督。在高等教育阶段，对高等教育机构的监管由高等教育监督委员会执行。该委员会是高等教育理事会的一个部门,负责对大学及其附属单位和学术工作者及其活动进行外部评估。

(二)土耳其职业教育的分类

土耳其职业教育与培训体系包括理论方向(学校教育)和实践方向(企业培训)两个主要方向。职业教育的政策和活动主要由教育部按照1986年开始实施的《学徒制和基本教育法》和2001年开始实施的《职业技术教育法》执行。其中,后一部法律对职业教育体系进行了改革,在职业教育与工商业之间建立了更加紧密的新型合作关系。土耳其的职业教育体系如下。

1)正规职业教育。正规职业教育包括228种职业的培训,为学员提供直接或间接获得专业工人和技师资格的方式。这种职业教育与培训是集中进行的,课程大纲全国统一,并经全国教育委员会审批。教育部委任的省教育厅厅长负责监管各省的职业教育与培训并向教育部汇报。

2)非正规职业教育。非正规职业教育主要由职业教育中心提供。非正规教育按照国民教育的一般目标和基本原则,旨在为从未受过或仅受过有限正规教育或已经停止接受正规教育的公民提供教育服务。土耳其非正规教育服务由终身学习总局通过公共教育中心、职业教育中心、旅游教育中心、成人研究所及开放式职业高中和职业技术学校提供,其形式包括短期课程、公共培训、学徒制培训和在教育部的协调下运营的公立和私立院校提供的远程学习课程。学徒制培训将企业提供的实践培训与职业教育中心提供的学校教育结合起来。

3)学徒制培训能与正规教育一起进行,也可以独立进行。随着义务教育延长至12年,学徒制培训的结构也有所变化。学徒制培训是一种双重培训制度,学生在职业培训中心接受理论培训的同时,还在工作现场接受实践培训。学生继续在开放式职业高中接受高中教育期间,也有机会参加职业教育中心的学徒制计划。

二、中等职业教育

土耳其的职业教育与培训主要从高中阶段开始,学制至少为4年,针对九~十二年级,学生年龄为14~17岁。高中教育的目标是向学生传授全面、基本、常用的知识,使之熟悉个人和社会方面的问题并寻求解决方法,确保他们获得有利于土耳其社会经济和文化发展的认知,并按照自身的兴趣爱好和能力资质为接受高等教育或掌握谋生技能做好准备。

中等职业教育作为土耳其职业教育体系中的一个重要组成部分,承担了中等阶段职业教育学习者的教学任务,为劳动力市场输送了大批技术技能人才。中等职业教育的实施机构主要分为两类:第一类是安纳托利亚职业技术高中(Vocational and Technical Anatolian High Schools),第二类是职业教育中心(Vocational Education Centers)。在土耳其,安纳托利亚职业技术高中和职业教育中心毕业生的就业率均高于普通高中毕业生的就业率。2018年，普通高中毕业生的就业率仅为54.2%，而安纳托利亚职业技术高中毕业生的就业率约为66.1%。职业教育中心毕业生的就业率则高达88%，其中75%的毕业生就职于他们在职业教育中心学习阶段实习过的企业。因此，职业教育中心凭借其高就业率，成为培养学生良好就业能力的成功典范。

1. 安纳托利亚职业技术高中

安纳托利亚职业技术高中是土耳其教育部下属的所有官方职业和技术学校的总称。这些学校属于中等教育机构，在校期间，学生每周既接受职业培训，也在机构或企业实习。根据土耳其国民教育的宗旨，中等职业教育机构致力于培养能为国家经济做出贡献的中级工作人员，并在4年教育结束时为学生提供工作机会，当然学生也可以选择继续深造。

安纳托利亚职业技术高中的学制为4年，向学生同时教授学术知识和职业技能，毕业生可以选择直接参加工作或继续接受高等教育。安纳托利亚职业技术高中共有54个专业领域和199个专业方向，课程分为技术课程（Anatolian Technical Programs，ATP）和职业课程（Anatolian Vocational Programs，AVP）两类。

技术课程侧重于为学生提供基础理论知识的学习，而职业课程则为学生提供更多的实习培训。就实习培训而言，技术课程在整个4年的学习期间内只有40天的实训安排，而学习职业课程的学生每周都会有3天的实习。两种类型课程的整体学习进度安排是一致的，第一学年学生主要学习通识课程，这种课程的学术性较强，对土耳其所有类型的高中都适用，包括安纳托利亚职业技术高中、安纳托利亚综合高中和普通高中。到了第二学年，学生可以根据自己的兴趣和学业成绩，选择具体的专业领域。在第三学年，学生可以进一步明确专业方向，并继续提升自己的专业技能。在第四学年，学生在完成所有课程后，可以获得安纳托利亚职业技术高中的毕业证书。

2. 职业教育中心

职业教育中心的学制同样为4年，与安纳托利亚职业技术高中不同的是，职业教育中心侧重于在工作场所的学习。职业教育中心的学生每周只有1天在学校上课，其他4天都在工作场所进行学习。相比于安纳托利亚职业技术高中，职业教育中心提供的职业课程种类较少，共有27个专业领域和142个专业方向。 学生从第一学年开始选择他们的专业领域和方向，在4年学习结束后，将获得熟练工级别的技能证书。

三、高等职业教育

土耳其高等职业教育体系由高等职业学院组成。高等职业学院包括提供两年制大专文凭的职业学院，提供四年制学士学位的职业高等学院，提供硕士学位的五、六年制专业学院（医学和牙医专业），以及提供硕士或博士学位的研究所（研究院）。高等技术学院按照管理和资金来源的不同可分为两类:公立高等技术学院和私立高等技术学院(基金会运营)。

职业高中毕业生可以直接进入职业学院学习,无须参加任何考试。毕业生完成两年制职业学院的学业,并获得 64 个土耳其学分,即 120 个 ECTS 学分,可获得副学士学位。

开设副学士学位课程的主要机构是附属于大学的"高等专业教育学校"或独立的职业学院。 相关课程通常针对实习阶段开设,旨在为学生就业做好准备。对于从职业学院获得学位的学生,其通常不能直接升入大学,但通过"专升本考试"(Vertical Transfer Examination)的职业学院毕业生可以升入多所大学的学士学位课程三年级继续学习。

四、土耳其国家职业资格框架

土耳其参照欧洲职业资格框架,试图制定一个全面的土耳其国家职业资格框架。土耳其国家职业资格框架包括三个子系统:一是国家职业资格系统,自 2007 年起由职业资格中心开始运行;二是由经济部门推动的依据国家职业标准制定的职业资格质量保证系统;三是土耳其在全国建立的行业奖励机构系统(职业测试中心),该系统为继续职业教育提供资格认证。

五、土耳其职业教育发展政策

随着越来越多的土耳其学生选择职业教育课程,提高职业教育质量已经成为历届政府的一项重要工作。土耳其职业教育的战略目标主要是:满足劳动力市场的需求、共同创建多元参与的模式、提升毕业生的国际就业能力、提升职业教育本身的可持续发展能力。

土耳其于 2018 年出台了《为了更强大的明天:2023 教育愿景》,旨在为整个教育体系发展做近景规划,对土耳其中等职业教育发展情况进行概括,同时明确了未来发展的主要趋势:增强中等职业教育功能的多样性,进一步打通中等职业教育和高等教育之间的衔接路径,加强中等职业教育的校企合作,促进中等职业教育的技能匹配和供需匹配,以及建立中等职业教育质量保证体系五个方面。该文件倡导一种全面的、以人为本的方法教育,并特别强调要提高职业教育的吸引力。

2019 年,土耳其政府确定了当时职业教育存在的关键问题:①选择职业教育的学生多为学习成绩较差的学生或弱势群体,这加深了职业教育在社会和民众心目中地位较低的印象;②与企业的合作需要进一步加强;③尽管职业教育毕业生的就业率较高,但学生在就职初期仍与劳动力市场的需求不匹配。

土耳其政府在职业教育方面的政策努力表现在六个关键方面。

1)加强职业教育机构与企业的合作,增强学校教育与劳动力市场需求的一致性。截至 2018 年,415 所学校发布了约 839 份协议并付诸实践。2019 年,完善后的合作模式要求:加强校企合作,企业对真实工作环境中实习培训的支持,使学生能够在真实工作环境中获得职业技能，并更加熟悉工作场所；同时，行业代表主导进行合作课程更新，为学生提供基于工作需求的学习；定期为教师提供基于工作需求的学习培训；提供奖学金和优先安排学生就业。土耳其还成立了各省、区职业技术教育行政委员会，汇集市政、各种专业和行业组织的代表，以及其他公共和私人机构的代表。

2）发展教师和培训人员的技能，以提高职业教育质量。专业教师和管理人员的培养由行业专家牵头进行。在行业专家的支持下，教师和管理人员有机会学习当前最先进的技术，进而提高他们的职业技能水平。2012 年，土耳其教育部和科学技术研究委员会签署了教学、创业领导力培训的合作协议，目的在于在真实的工作环境中开展在职培训。2019 年，近 35% 的职业教育教师参与了教师职业发展项目，其规模是 2018 年的 6 倍。此外，还聘请了行业专家教授职业课程，他们将自己一线的工作经验和高水平技能传授给学生。

3）提高职业教育地位，使职业教育的学生来源更加多元化。在土耳其，中等职业教育的地位不如普通教育和高等教育。这种地位差异的背后，主要原因是土耳其中等职业教育和高等教育之间的贯通受到限制，中等职业教育在向高等教育过渡时，没有取得预期效果。土耳其在《为了更强大的明天：2023 教育愿景》中提出，为了使中等职业教育的学生可以继续接受高等教育，需要改变当前的教育结构，对基础教育、职业教育和高等教育之间的贯通机制进行整体处理。同时，通过内外部的奖学金奖励表现优异的学生，支持他们的学习和就业，从而提高学生参与职业教育的积极性。例如，与伊斯坦布尔技术大学合作开设的职业教育课程，鼓励学业成绩最好的 1% 的学生入学，受到很多学生的欢迎。

4）打通中等职业教育和高等教育的衔接路径。土耳其重视中等职业教育毕业生进入高等教育继续深造的比例，并在《为了更强大的明天：2023 教育愿景》中提出了接受中等职业教育者升学方面的改革措施。一方面，改革措施使职业教育中心毕业生进入高等教育成为可能。以往在中等职业教育阶段，职业教育中心的毕业生只能获得技能证书，无法像职业技术高中或普通高中毕业生那样获得高中毕业证书，因此，也无法继续接受高等教育。从升学视角来看，职业教育中心的升学功能不如其他类型的中等职业教育机构，降低了学生选择职业教育中心的积极性。《为了更强大的明天：2023 教育愿景》针对这一现象，修改了职业教育中心的培养模式，明确提出只要学生能够成功完成特定课程，他们也将有资格获得高中毕业证书，从而进入高等教育继续学习。另一方面，改革措施为职业技术高中学生进入高等教育提供条件。例如，土耳其顶尖高校伊斯坦布尔技术大学建立了示范型职业技术高中，该职业技术高中的学生可以在大学里进行部分课程的学习，使职业技术高中和普通高中一样，具有大学预科教育的功能，有利于职业技术高中毕业生继续接受高等教育。

5）建立完善的质量保证体系。作为加强职业教育质量保证工作的一部分，土耳其建立了国家质量保证体系，并增强该体系与欧洲职业教育和培训质量保证体系的一致性。2016—2017 学年，土耳其所有职业教育机构都开展了内部评估，并接受教育部的外部评估。

这些评估考察学校的背景、基础设施、教学质量与就业指导,以及与当地社区和企业的合作部门和学校行政部门。2018 年土耳其教育部在《土耳其职业技术教育展望》中指出,职业教育评估取得了一些令人满意的成果,2018 年职业高中学生的劳动力参与率和就业率均高于普通高中学生。但是,也存在一些问题,如专业与劳动力市场不匹配问题等。

6)推动中等职业教育多样化发展。《为了更强大的明天:2023 教育愿景》提出,中等职业教育需要多样化发展,改变原有的单一模式所带来的局限。在过去,土耳其的职业技术高中以安纳托利亚职业技术高中为主,近年来逐步建立了多种类型的职业技术高中,推动职业技术高中朝着多样化的方向发展。同时,职业技术高中与其他机构进行合作,为各行业输送优质的专业人才,实现职业技术高中功能的多样化。例如:阿赛尔桑(Aselsan)职业技术高中是在土耳其职业教育部门与土耳其最大的国防电子公司阿赛尔桑公司签订的合作协议下建立的,因此阿赛尔桑职业技术高中在电子技术和机械技术领域具有较强的竞争力。土耳其中等职业教育功能多样性的另一个体现是职业技术高中具有多种升学功能,通过和高等教育机构的合作,为中等职业教育和高等教育之间的贯通提供了便利条件。

第五节　土耳其中文教育发展概况

一、土耳其中文教育发展历程

纵观中文教育在土耳其发展的历史,不难看出,伴随中国综合国力的提升,中文逐渐在土耳其占据一席之地,学习需求也随之日益增长。

土耳其的汉学研究始于 20 世纪 30 年代,安卡拉大学早在 1935 年就设立了以古代汉语为研究特色的汉学系。

20 世纪 90 年代,中国经济快速发展,其经济地位在世界范围内不断提高。为了加强与中国的经贸联系,土耳其逐渐兴起了一股学习汉语的热潮。此时,土耳其一些高校陆续开设中文系或中文选修课。与此同时,土耳其 4 所具备良好汉语教学根基的高校先后与中国的 4 所高校合作设立孔子学院。2017 年 5 月,中土两国签署《中华人民共和国政府和土耳其共和国政府关于互设文化中心的协定》。土耳其教育部也同意自 2018 年起在全国初中设置中文选修课。

进入 21 世纪,随着中土交流的日益频繁以及两国政府的积极推动,汉语教学迅速发展。2004 年,汉语首次成为土耳其中小学第二外语的备选语种;2005 年,土耳其教育部把汉语列为职业高中外语选修课程;2007—2008 学年度,又在 10 个试点商业旅游高中开设了中文课。2008 年,土耳其教育部正式在高中设立中文选修课。

2022 年 5 月 9 日,在土耳其驻华大使馆和尤努斯·埃姆雷土耳其语言文化中心的协调下，唐风国际教育集团与土耳其伊兹密尔理工学院进行了线上国际教育合作交流，对开展中土国际中文教育合作及 CCTE 模式中土双学位合作办学进行了深入交流，并达成了一致意见。CCTE 模式主要以互联网信息化技术为工具，以汉语和国内职业院校优势学科为基础，以推动中外经贸交流为使命，以现代化技能型人才培养为路径，构建“语言 + 商务文化 + 专业技能 + 就业”的一体化全新国际教育新模式。

近十年来，中土经贸关系日益紧密，高层互访不断，汉学研究也在向全面与纵深发展，促进了汉语和中国文化在土耳其的传播。

二、中文教育现状

（一）中文教育机构

目前，土耳其开设中文教育课程的机构主要包括中小学、高等院校、孔子学院、孔子课堂以及私立培训机构。

1. 中小学

2004 年，土耳其教育部门决定把汉语作为中小学第二外语备选语种，为土耳其中小学开设中文课程赋予了“合法性”。2005 年，土耳其教育部将中文列为职业高中外语选修课程，2008 年起将中文课正式列为公立中小学外语选修课程，开设中文课的中小学有 20 多所。土耳其提出于 2018 学年在全国初级中学开设中文选修课，但由于本土师资缺乏，聘用外教（中国教师）手续复杂等原因，该计划进展缓慢。从地区分布来看，土耳其开设中文课的中小学主要集中在首都安卡拉和国内最大的城市伊斯坦布尔，其他地区的中小学几乎没有中文课。

（1）安卡拉地区

截至 2018 年，安卡拉地区开设中文课程的中小学大约有 7 所，其中包括 2 所公立高中和 5 所私立学校。安卡拉地区开设中文课的中小学如表 2-3 所示。2 所公立高中分别为阿塔图尔克高中和艾冉哲高中。阿塔图尔克高中是土耳其中小学中最早开设中文课的学校之一。5 所私立学校分别为开设了孔子课堂的佳蕾学校、阿斯燕学校、英吉学校、中东技术大学基金会学校和奥努尔学校。

表 2-3 安卡拉地区开设中文课的中小学

学校名称	类型	中文课开设时间	课程类型	教师数量	教师来源
阿塔图尔克高中	公立	2006 年	九～十二年级选修	2	本土教师
佳蕾学校	私立	2008 年	一～三年级必修 四～六年级选修	1	土籍华人
阿斯燕学校	私立	2010 年	四～八年级选修	1	土籍华人

续表

学校名称	类型	中文课开设时间	课程类型	教师数量	教师来源
英吉学校	私立	2011 年	四～八年级选修	1	土籍华人
中东技术大学基金会学校	私立	2012 年	九～十二年级选修	1	本土教师
艾冉哲高中	公立	2013 年	九～十二年级选修	1	本土教师
奥努尔学校	私立	2014 年	一～七年级必修	2	本土教师

（2）伊斯坦布尔地区

伊斯坦布尔的中小学中文教学主要在一些私立学校和中文教育机构中开展。2014 年，伊斯坦布尔地区有中文教学点 17 个。其中比较著名的有岛上高中、圣贝努瓦中学、道乌斯（Dogus）中学和小学。同时，一些学校，如波洛尼亚学校、斯坦卡学校、伊萨克・艾德曼综合中学开设了中文选修课，这些机构通常注重实用性，使学生可以学到更丰富的中文应用技能，从而更好地了解中国的文化和社会。

2. 高等院校

土耳其高等院校主要包括高职高专、大学本科、硕士和博士等 4 个阶段。高等院校的中文教育主要分为两种：中文专业教育和中文选修课。

截至目前，土耳其开设汉语专业的大学有 4 所，部分大学开设了中文选修课。开设汉语（或翻译）专业的 4 所大学分别是安卡拉大学、奥坎大学、埃尔吉耶斯大学和伊斯坦布尔大学。其中，安卡拉大学和埃尔吉耶斯大学设有汉语方向的硕士学位授予点。土耳其开设汉语专业的大学如表 2-4 所示。

表 2-4　土耳其开设汉语专业的大学

所在城市	院校	学校性质	首次开课时间	教师人数	学生人数	课程性质	孔子学院
安卡拉	安卡拉大学	公立	1933 年	7 名（本土教师 4 名）	112 名	专业	
开塞利	埃尔吉耶斯大学	公立	1998 年	8 名（本土教师 5 名）	114 名	专业	
伊斯坦布尔	奥坎大学	私立	2005 年	5 名（本土教师 1 名）	74 名	专业	有
伊斯坦布尔	伊斯坦布尔大学	公立	2009 年	4 名（本土教师 3 名）	85 名	专业	

资料来源：苗福光 . 土耳其汉学研究与孔子学院发展现状 [J]. 阿拉伯世界研究，2014（2）：111-120.

ABABAIKERE H. 土耳其大学汉语专业文化课程教学研究 [D]. 上海：上海外国语大学，2021.

（1）安卡拉大学

安卡拉大学的汉学系是在土耳其国父凯末尔·阿塔图尔克的建议下于 1935 年设立的，是土耳其历史最悠久和影响最大的汉语教学和汉学研究中心。为了能够充分利用中国丰富的古代中亚历史研究资源，该系开设系统的口语课、写作课、语法课、语音课、汉字课、基础汉语课等基本语言技能课程。除此之外，该系还开设了中国历史课、中国文学课、中国哲学课、中国艺术课、汉语教学技术课、汉学入门课、中国文化入门课、作文课、汉语句法课、汉语句型课、翻译课（同声翻译和文本翻译）等。该系学科体系完备，不仅设有汉语本科专业，还设有硕士和博士学位授予点。2020 年，汉学系有 7 位教师，其中有 1 位中国籍教师是通过原中国国家汉办（即原中华人民共和国国家汉语国际推广领导小组办公室，现为教育部中外语言交流合作中心）选拔来到该系任课的，有 2 位是由安卡拉大学聘任的中国籍教师，其余的土耳其籍教师都曾赴中国留学，攻读了不同学位。该系的任课团队由 3 位副教授，1 位助理教授，1 位调研助教，2 位讲师组成。安卡拉大学汉学系不仅是土耳其汉学研究最重要的基地，也是培养土耳其各行业汉语人才的摇篮。

（2）埃尔吉耶斯大学

位于土耳其开塞利（Kayseri）的埃尔吉耶斯大学，其中文系隶属东方语言文学系。该系于 1998 年在欧凯教授的帮助下建立，1999—2000 学年开始招生，学制为 4 年，学生须修满 142 学分方可获得学位。其中，126 学分为必修课为学分，包括中文语音、中文语法、中文汉字、中文口语、土耳其语、土耳其历史、第二外语（英语）；16 学分为选修课学分，包括中国文化、中国历史、中国文学、文选。教学目的是培养学生的学术思想和分析能力，使学生能熟练地进行汉语对话和书写。此外，该系每年举办中国文化日、各种比赛以及旅游等社交活动。埃尔吉耶斯大学非常重视培养中文系学生的国际视野，同武汉大学、上海外国语大学、大连民族大学以及天津师范大学有合作交流关系。2020 年，该校中文系共有 8 位中文教师，其中 2 位是通过中国国家汉办选拔来该学校任课的中国籍教师，1 位是通过中国大学互换任课来此的中国籍教师，其余的土耳其籍教师均曾赴中国留学，获得了不同学位。该教师团队由 1 位教授、4 位助理教授、2 位调研助教、1 位讲师组成。

埃尔吉耶斯大学于 2011 年开始采用 3+1 的教学模式，学生在 4 年的本科学习期间有机会赴中国参加 1 年的实践学习，此教学模式得到了学生和教师们的认可，取得了很好的教学效果。

（3）伊斯坦布尔大学

伊斯坦布尔大学坐落于土耳其的历史文化名城、风景旅游胜地——伊斯坦布尔市。随着学习中国语言及文化的热潮日益兴起，为了满足众多学生在此方面的需求，该校在 2016 年开办了中文系。目前，伊斯坦布尔大学中文系开设中国古代汉语和现代汉语课程，学生既可以学习古代汉语以研究中亚地区的历史和中国的历史，也可以学习现代汉语以了解当下的中国。学校开设口语课、语法课（初级、中级、高级）、汉字课、写作课、翻译课、媒体中文课、汉学入门课、中国历史课、中国文学课、中国艺术课等。2020年，中文系现有3位土耳其籍教师，其中有1位教授、1位助理教授、1位调研助教。这3位土耳其籍教师都曾赴中国留学。

（4）奥坎大学

奥坎大学的主校区位于伊斯坦布尔市，该校致力于建设“最接近职业世界”的大学。随着中土经贸关系的日益紧密，为了满足土耳其商业界对中—土翻译人才的需求，自2005年起，奥坎大学在文理学院翻译研究系下开设中文翻译专业，这是土耳其唯一的中文翻译系。该系一共有5位任课教师，其中4位教师为原中国国家汉办选拔的中国籍教师，另外1位是学校聘任的土耳其籍教师。此教师团队有1位助理教授、1位调研助教、3位讲师。2013年5月，奥坎大学和中国国家汉办达成协议，共同建设孔子学院。截至2017年，该校已经在周边地区设立几十个教学点。奥坎大学在读学生在暑假期间有机会赴中国参加夏令营等游学活动，此类教学模式得到了教师、学生和家长的高度认可。

此外，还有海峡大学、中东技术大学、科奇大学、萨班哲大学、伊斯坦布尔五月二十九日大学等开设中文教学课程。

另外，土耳其大学生可以通过土耳其大学和中国大学之间的国际交流框架，以交换生或自考生的身份赴中国求学，攻读不同学位。攻读学位期间，他们均有机会申请中国政府奖学金、孔子学院奖学金、中国驻土耳其大使馆奖学金和土耳其教育部奖学金等。

3. 孔子学院

孔子学院是由中国直接进行管理的非营利性机构，致力于满足世界各国（地区）人民对汉语学习的需要，增进世界各国（地区）人民对中国语言文化的了解，加强中国与世界各国教育化交流合作，推动中国与外国友好关系的发展，促进世界多元文化发展，构建和谐世界，是中土高等教育交流与合作的重要体现。土耳其共建有4所孔子学院，分别是中东技术大学孔子学院（合作机构为厦门大学）、海峡大学孔子学院（合作机构为上海大学）、奥坎大学孔子学院（合作机构为北京语言大学）、晔迪特派大学孔子学院（合作机构为南开大学）。具体情况如下。

（1）中东技术大学孔子学院

中东技术大学于2008年10月与厦门大学签署协议成立了土耳其第一所孔子学院，其宗旨是推广汉语和传播中国文化，致力于满足土耳其人民对于汉语学习的需要，增进他们对中国语言文化的了解，促进中国与土耳其的友好关系。该孔子学院自2009年初正式招生，原中国国家汉办每年会派出5~6名教师，2012年底注册学员达3 000余人。2017年，该孔子学院拥有教职人员15名，教职人员由院长、院长助理及汉语教师组成。其中，土方院长1名，院长助理1名；中方院长1名，院长助理1名；汉语教师11名，其中2名为土耳其本土教师，9 名为中国籍教师。2022—2023 学年注册学生总数为 132 名，该孔子学院每年举办各种文化推广活动 20 余场次。

该孔子学院开设的汉语课程主要针对在校大学生和社会人士。针对在校大学生开设的汉语课程分为初级一、初级二、中级一、中级二、高级一和高级二，以综合课程为主，但课程侧重对听、说、读、写语言技能的训练，课程每周 2 次，每次课程时长 1 小时 50 分钟。而针对社会人士开设的汉语课程也以初、中、高级为主，授课时间集中在周末。

同时，由于中东技术大学孔子学院是土耳其国内第一所孔子学院，因此其承担了土耳其国内汉语水平考试（HSK）的组织和实施工作。该考试在 2013 年以前每年举办一次，2013 年后每年举办 2 次，其中上半年 5 月份一次，下半年 11 月份一次，考试的地点就设在中东技术大学孔子学院。

（2）奥坎大学孔子学院

2013 年 5 月，奥坎大学和中国国家汉办达成协议共同建设孔子学院。该孔子学院于 2013 年 6 月正式揭牌，中方合作院校是北京语言大学。奥坎大学中文翻译专业在孔子学院的帮助下开设了多门基础课程和专业课程，设立了中文书籍阅读和中国文化体验基地，并在伊斯坦布尔市区开设了 2 个教学点。在中文教学方面，不仅开设一系列常规学历、非学历课程，还积极推出如书法班、麻将班等文化体验课程。

（3）海峡大学孔子学院

2010 年 4 月，海峡大学与中国上海大学共同组建孔子学院。该孔子学院以海峡大学为依托，致力于服务整个伊斯坦布尔地区的汉语教学。2013 年底，该孔子学院在学学员有近 500 人。该孔子学院每年举办各种文化推广活动 30 余场次，接待中土访问团组超过 30 个。2012 年，由于业绩突出，海峡大学孔子学院被授予“年度先进孔子学院”荣誉称号。海峡大学孔子学院每年的主要任务是开展汉语教学，并支持土耳其各大中小学开展汉语教学、组织各种文化活动，提供中土学术等方面的交流平台，是伊斯坦布尔地区较有影响力的汉语学习中心、中华文化中心和中土学术交流平台。2023 年，海峡大学孔子学院有教职工 5 人，其中中方院长 1 人，土方院长 1 人，公派教师 2 人，专任行政秘书 1 人。

该孔子学院为海峡大学在校学生开设了汉语选修课，该课程是计算学分的，学校各专业的学生都可以选修，该选修课每周 2 次，共 4 小时，课程分 4 个等级，每个等级又分为 2 个学期。除了在海峡大学校内开设汉语课程，海峡大学孔子学院还面向社会人士，开课时间为周日；开设了初级、中级和高级汉语的汉语课程，课程时长为每周 3 个小时，15 次课为 1 个周期，开课时间为周日；另外还开设中国文化的阅读课程。除此之外，该孔子学院还开设商务汉语课程，使学生了解现代汉语中常用的商业词汇及其相关的社会、文化知识，培养学生在汉语语言环境中进行商务活动所需的语言交际技能。此外，海峡大学孔子学院还专门开设了儿童汉语课程，课程以语言技能课为主，旨在使孩子们掌握基本的听说读写技能，并且可以用电脑输入汉字。海峡大学孔子学院还为大学员工免费开设中国语言和文化课、从低级到高级的周末课。与此同时，该孔子学院为计划参加 HSK 的学生设置了 HSK 汉语强化班，帮助学生全面提高成绩。

4）晔迪特派大学孔子学院

晔迪特派大学位于土耳其伊斯坦布尔市，由伊斯坦布尔教育文化基金会创立，是土耳其成立时间早、在校生人数多、著名的私立大学之一。该校与南开大学合作建立的晔迪特派大学孔子学院于 2017 年 9 月揭牌，是土耳其第四所孔子学院。该孔子学院为在校学生开设了 6 个级别的选修课程以及晚间兴趣课程，这些课程可供众多中文学习者前来学习中文、了解中国。每学期根据学习的人数做出适当的调整，每个等级的汉语课程每周开课 2 次，每周共上课 2 小时 40 分钟，课程等级越高，开课班级数越少，并根据实际情况选择性开设，这 6 个等级的课均为汉语综合课。在文化交流方面，该孔子学院借助南开大学在人文学科方面的教师优势，积极邀请南开大学多名教授到土耳其进行短期讲学、开办讲座，从多个领域介绍当代中国。每学期该孔子学院固定举办中国文化月活动，为当地的学生、教师介绍中国的传统文化。该孔子学院目前有中外方院长各 1 名，副院长 1 名，公派教师 1 名，汉语教师志愿者 1 名。

4. 孔子课堂

（1）安卡拉佳蕾孔子课堂

佳蕾孔子课堂（简称佳蕾学校）是土耳其第一所孔子课堂，是中东技术大学孔子学院教学点，位于安卡拉，提供从幼儿园开始的汉语课程，是安卡拉学习汉语学生最多的学校。在佳蕾学校，学前班的汉语课属于兴趣课，每周 1 节，没有固定教材；一～三年级的汉语课属于必修课，每周 1 节，没有固定教材；四～八年级的学生可从几门外语中选修汉语，教材使用《快乐汉语》。

（2）奥坎私立学校孔子课堂

奥坎大学孔子学院在当地中小学积极推广汉语教学，于 2015 年正式建立了伊斯坦布尔第一所孔子课堂——奥坎私立学校孔子课堂。该校成为土耳其第一所从幼儿园到高中都开设中文课程的学校，在当地备受欢迎。

（3）广播孔子课堂

2007 年，中国与土耳其在安卡拉签署合作备忘录，决定在土耳其开设全球首个广播孔子课堂。广播孔子课堂拥有更加广泛的受众群体，能够增进中土两国的相互了解，使两国关系更加紧密。中国向土耳其广播孔子课堂提供师资、资金和教材等方面的支持。土耳其广播孔子课堂以中国国际广播电台土耳其语频道及当地的听众俱乐部成员为基础，通过广播和网络等形式向所有希望学习汉语的土耳其民众提供教学服务。

5. 汉语培训机构

土耳其建立的汉语学习场所除了孔子学院和孔子课堂之外，还有一些汉语培训机构，这类培训机构同样多集中在安卡拉地区和伊斯坦布尔地区。

土耳其面向总统府高层公务员的“中文 + 职业培训”于 2017 年开办，主要培训内容包括基础中文教学、中国文化展示和体验等。该培训不但丰富了学员的中文知识，还加深了他们对中国的了解，让他们更好地开展工作。

伊斯坦布尔比较著名的汉语培训机构为莲花（Lotus）中文教育机构。该机构成立于 2002 年，每年招收约 250 名土耳其学生，迄今已有 2 000 多名土耳其学生在该机构学习中文，该机构也针对来土耳其工作的中资企业人员教授土耳其语。沈阳汉语中心（Shenyang Mandarin Chinese Center）是一家在伊斯坦布尔教授汉语课程的中文教育机构，不仅开设初中、高中的汉语学习课程，同时还开设针对少儿的汉语学习课程。

2020 年，受新冠疫情影响，土耳其不少中文教学机构将线下教学转为线上教学。当地的中文国际教师和志愿者们也纷纷创新教学方法，丰富教学内容，不断完善网络中文教学。为了提升教学质量，让网络中文课程更加规范，土耳其出台了网络中文课程教学大纲。

（二）土耳其本土汉语教师概述

1. 土耳其本土汉语教师的现状

从教师队伍构成情况看，土耳其本土化教学程度较高。主要表现如下：①由具有汉语博士学位的土耳其教师进行教学；②由具有土耳其语博士学位的中国教师进行教学。

尽管如此，土耳其一直处于本土汉语教师紧缺的状态，未建立起自己的汉语师资队伍。例如，在安卡拉地区，除孔子学院外，其他教学点都面临师资紧张问题，本土教师的匮乏直接影响了教学点汉语教学工作的开展。

土耳其的公立大学一般要求雇员具有博士学位，而教师又属社会中低收入阶层，故而很少有汉语专业毕业生可以继续攻读并取得汉语相关专业博士学位，结果就是土耳其的大学汉语教师匮乏，而土耳其教育部门规定开设新专业至少要雇佣 3 名土耳其籍教师。伊斯坦布尔大学虽于 2009 年设立汉语言文学专业，但由于仅有 1 名土耳其籍汉语教师，故迟迟不能招生。私立大学较为灵活，奥坎大学仅雇用了 1 名埃尔吉耶斯大学中文系的优秀汉语言文学本科毕业生。因此，在大学进行汉语教学的本土教师只有极少数是在编教师，而师资不足导致许多课程只能请在读研究生和其他学校的汉语教师兼职授课，而这些研究生毕业后能够进入大学作为在编教师是非常困难的。截至 2014 年，土耳其从事汉语教学和研究的土耳其籍大学教师中，有教授 1 名，副教授 3 名，助理副教授 8 名。

由于土耳其公立中小学教师的准入门槛较高，土耳其中小学本土汉语教师大多是代课教师。代课教师福利与正式在编教师有很大差距，薪酬较低，很多教师只有课时费。平均每所学校只有一位汉语教师，学习汉语的班级和学生数不断增加，但教师人数却没有增加，教师们普遍反映课时多、教学压力大。

中国非常支持土耳其的汉语教学,不断向土耳其输送汉语教师,汉语教师的输送对象主要是土耳其公立大学、私立大学和孔子学院。

2. 土耳其本土汉语教师的类型

土耳其本土的汉语教师有两类。

1）土耳其教师。这类教师大多是本国汉语专业毕业生,或者是在中国学习汉语后回到土耳其进行汉语教学的土耳其籍教师。其中,部分汉语教师享受和其他专业教师相同的待遇,部分教师（中小学居多）为兼职性质,只有课时费。土耳其为数不多的土耳其籍汉语教师多为安卡拉大学汉学系毕业生,少数人能够成为在大学从事汉语教学和研究的专家。虽然土耳其汉语教师紧缺,但由于教师在土耳其薪资较低,更多的汉语人才选择从事待遇较好的职业,如中文导游。

2）在土耳其教授汉语的华人教师。这类教师多为中国女性,其因为婚姻或者其他原因来到土耳其,基本可以用土耳其语交流,最后成为汉语教师,其中许多人已经加入了土耳其籍。在早期还没有公派教师和志愿者的时候,这类教师的出现一定程度上缓解了土耳其汉语教师紧缺的状况。土耳其华人教师,由于在中国生活多年,他们的普通话相对标准,对中国的了解认识也相对深刻。但是,这些教师大都不是汉语或教育专业出身,缺少汉语教学相关知识储备和理论体系。

(三)土耳其中文教育面临的困境

近年来,土耳其的中文教育取得了很大的成绩,但是整体而言中文教育在土耳其依然处在弱势地位,主要的困境体现如下。

首先,政策的模糊性直接导致了目前土耳其中文教育的一系列问题,包括:教学面不广、教学点不多、生源增长不快;没有全国统一的中文教师标准、教学大纲、教学目标;系统层次不完善,缺乏规范性、连贯性和系统性,小学、初中、高中以及大学汉语课脱节;教材、教法、评估等方面没有国家标准,也缺乏统一规划,各学校、各教学点彼此缺乏统筹,导致教学质量整体偏低。

其次,汉语教育师资匮乏。据土耳其教育部的统计,除了中国各合作高校派出的约30名汉语教师,土耳其本土目前通过了教育部汉语教师资格考试并能够在不同阶段担任汉语教师者不足50人。目前,中国院校选派的中国籍教师大部分都在大学任教,少部分教师在孔子学院中小学教学点任教,大部分汉语国际教育志愿者教师是在校本科生或硕士研究生,一般以本土汉语教师助教的名义上岗,一般教学周期不超过1年,即便是公派汉语教师,在海外从事教学的周期一般也就在2年左右。所以整体而言,土耳其的本土汉语教师数量较少,且水平不一。

最后是本土化教材不足。据统计,土耳其中小学阶段目前并没有统一的、标准化汉语教材，由任课教师决定使用何种教材，大多以安卡拉大学汉学系教授欧凯编写的《实用汉语语法》和中国孔子学院总部编写的规划教材如《快乐汉语》《新实用汉语课本》为主导教材。因受限于基础阶段本土化汉语教材开发的语言障碍，能参与本土化汉语教材编撰工作的土耳其本土汉语教师和本土学者不足，而且中国孔子学院总部统筹编写的标准化教材可能并不适应整体基础较弱的土耳其学生的个性化需求。

除此之外，大多数汉语教材目前在土耳其没有版权，选购教材依然存在着一定的困难，学生上课时一般都用原中国国家汉办赠书的复印件。目前，用土耳其语注释的汉语教材有《新实用汉语课本》《当代中文》《跟我学汉语》《快乐汉语》《汉语乐园》《互动汉语》《成功之路》《汉语 800 字》《汉语图解词典》等。

第六节　土耳其学生出国留学情况

一、土耳其学生国际流动现状

根据文献调查，2012—2020 年，土耳其出国留学生总人数变化不大，2012 年约为 46 800 人，2013 年约为 45 600 人，2014 年约为 45 500 人，2015 年约为 45 900 人，2016 年约为 45 400 人，2017 年约为 44 400 人。2020 年，土耳其出国留学总人数为 47 546 人，排在前 5 位的留学目的国及人数为：美国 9 698 人，德国 7 625 人，英国 3 420 人，意大利 2 389 人，奥地利 2 220 人。土耳其出国留学生在所有学生中所占比例不仅非常小，而且比例甚至呈下降趋势，2001 年和 2002 年为 2.5%，2003 年降至 2.4%，2004 年降至 2.2%，2005 年和 2006 年更是降至 1.9%。非常重要的原因可能是该国高校招生人数的迅速增长。

二、土耳其学生出国留学意愿调查

调查发现，参与调查的土耳其人中，身边有出国留学的家人和朋友的占比为 70.96%。其中，45.16% 的调查对象身边有 1~3 个出国留学的家人和朋友，6.45% 的调查对象身边有 3~6 个出国留学的家人和朋友，19.35% 的调查对象身边有 6 个以上的出国留学人员，29.04% 的调查对象表示身边没有出国留学的家人和朋友，如图 2-8 所示。

在土耳其学生出国留学的方式方面，调查显示，土耳其出国留学生主要以交换生和企业合作项目生为主，分别占 48.39% 和 32.26%，如图 2-9 所示。

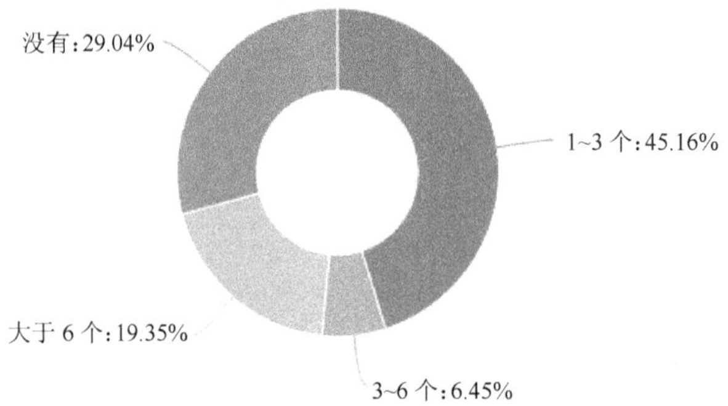

图 2-8　土耳其学生身边出国留学人数调查

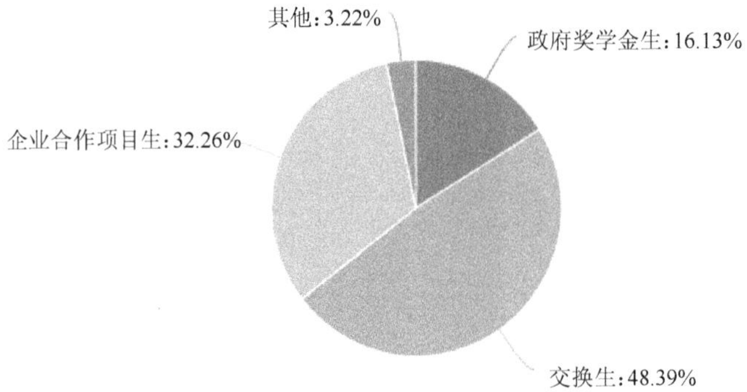

图 2-9　土耳其学生出国留学方式调查

在学生出国留学资金来源方面,调查显示,奖学金生人数比例占参与调查学生数的 32.26%,自费生则占 19.35%,奖学金与自费结合生较多,占比为 48.39%,如图 2-10 所示。

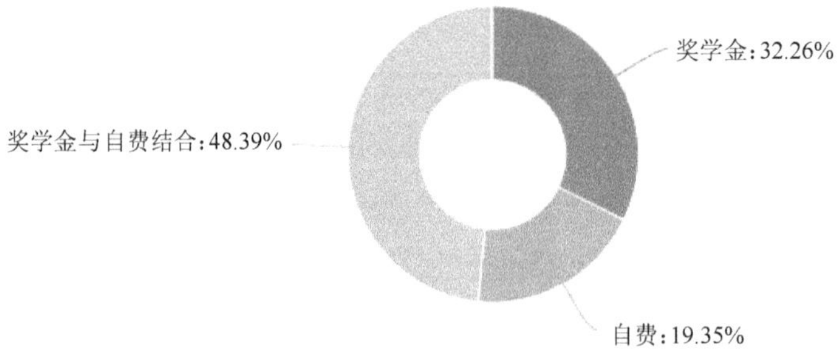

图 2-10　土耳其学生出国留学资金来源调查

在出国留学国家政策支持方面,调查显示, 64.51% 的调查对象认为土耳其政府鼓励学生出国留学,但资金支持力度不强, 16.13% 的调查对象认为土耳其政府鼓励学生到外国深造,并给予资金支持,如图 2-11 所示。

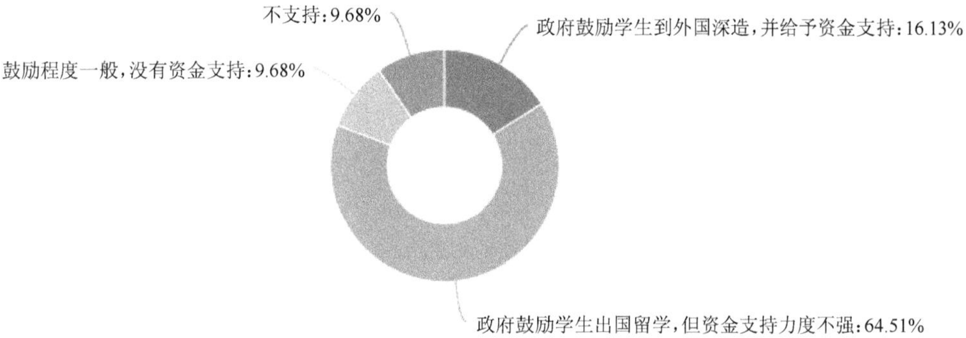

图 2-11　土耳其政府对出国留学的支持力度调查

在土耳其学生出国留学原因方面，如图 2-12 所示，51.6% 的学生出国留学的原因是为了争取更多的发展机会，16.13% 的学生为了更好地了解留学目的国的政治、经济、文化，12.9% 的学生因为留学目的国教育水平高于土耳其。

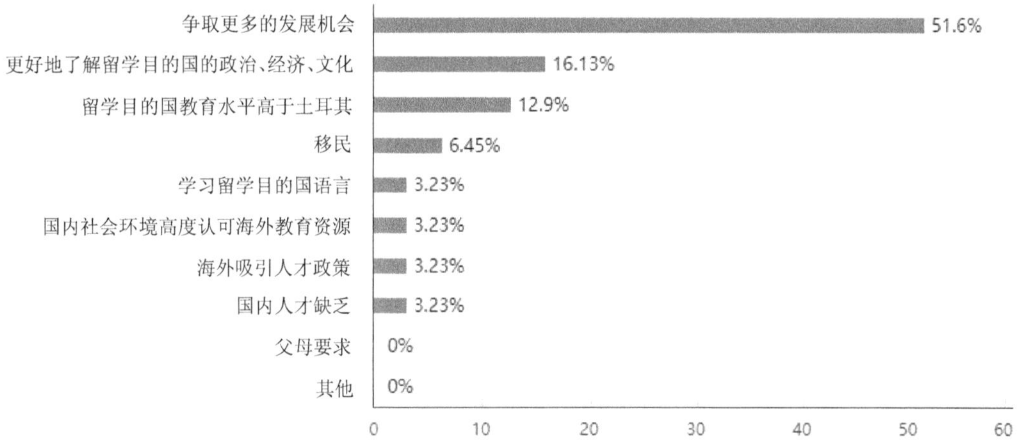

图 2-12　土耳其学生出国留学原因调查

在出国留学考虑的因素方面，调查显示，土耳其学生出国时重点考虑的因素依次为：留学目的国的经济、政治、文化发展程度（45.16%），留学目的国对自己的职业发展影响（25.80%），留学目的国的奖学金政策（16.13%），如图 2-13 所示。

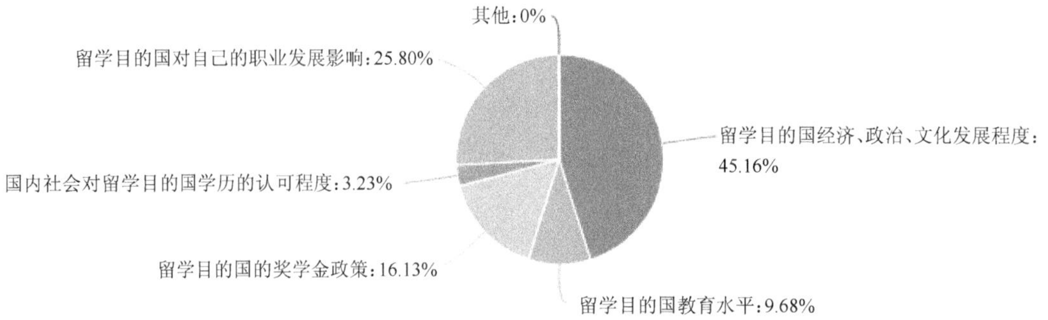

图 2-13　土耳其学生出国留学考虑因素调查

在土耳其学生出国留学首选国方面,调查显示,美国(29.03%)、加拿大(25.81%)、德国(16.13%)、中国(9.68%)依次为土耳其学生出国留学的首选目的国,如图 2-14 所示。

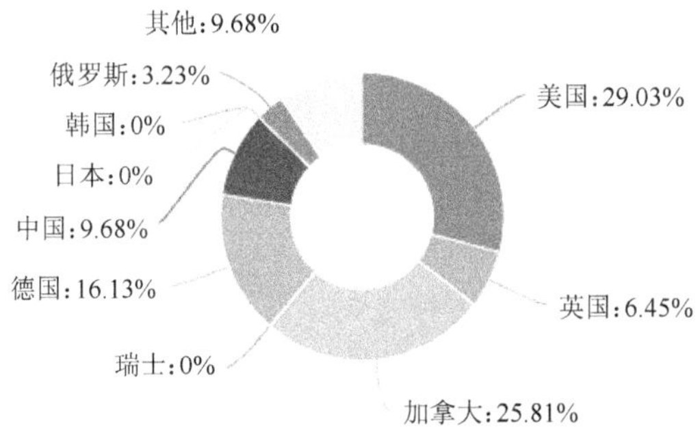

图 2-14　土耳其学生出国留学首选目的国调查

第七节　土耳其学生来华留学情况

一、土耳其学生来华留学现状

(一)土耳其学生来华留学规模

根据土耳其学生留学意愿调查结果,中国是继美国、加拿大、德国之后,排在第四位的出国留学目的国。但是从表 2-5 可知,土耳其来华留学生数量在 2013—2017 年每年小幅增长后,2018 年有所减少。从来华留学生生源国排名来看,在 2013—2018 年这 6 年中,土耳其的排名略有上升。

表 2-5 2013—2018 年土耳其来华留学生人数统计

年份	土耳其来华留学人数 / 人	全球来华留学人数 / 人	占全球来华留学生比例 /%	生源国排名	土耳其出国留学总人数 / 人	土耳其来华留学人数占本国出国留学总人数比例 /%
2013 年	1 990	356 499	0.56	32	45 600	4.36
2014 年	2 081	377 054	0.55	32	45 500	4.57
2015 年	2 146	397 635	0.54	38	45 900	4.68
2017 年	2 148	489 173	0.44	25	44 400	4.84
2018 年	1 854	492 185	0.38	25	47 546	3.90

数据来源：教育部国际合作与交流司编写的 2013—2018 年《来华留学生简明统计》。

（二）土耳其来华留学生学历结构

从总体趋势来看，2013—2018 年土耳其来华留学生中，非学历生占比高于学历生。根据表 2-6 的数据，在接受学历教育的来华留学生中，2013—2018 年土耳其来华留学本科生数量最多，专科生数量最少。

在 2018 年土耳其来华留学生中，学历生占总数的 46%。具体来看，本科生和硕士研究生占学历生的绝大部分（硕士研究生占 44.0%、本科生占 45.5%），其次为博士研究生（10.1%），专科生最少（0.3%）。非学历生在来华留学生中占比为 54%。具体来看，普通进修生占非学历生的 70.9%，高级进修生占 1.5%，短期进修生占 27.7%。

表 2-6 2013—2018 年土耳其来华留学生学历结构变化　　单位：人

年份	学历生					非学历生			
	专科生	本科生	硕士研究生	博士研究生	小计	普通进修生	高级进修生	短期进修生	小计
2013 年	—	—	226		226	—	—	—	—
2014 年	11	520	236	39	806	941	8	326	1 275
2015 年	14	539	244	42	839	931	16	360	1 307
2017 年	—	—	401		401	—	13	441	454
2018 年	3	388	375	86	852	710	15	277	1 002

数据来源：教育部国际合作与交流司编写的 2013—2018 年《来华留学生简明统计》。

此外，在中国政府奖学金方面，据统计 2013—2018 年在获得中国政府奖学金的土耳其学生中，学历生比例明显高于非学历生。学历生中，获得中国政府奖学的硕士研究生比例最高。2018 年，土耳其留学生中获得中国政府奖学金学生人数为 225 人，占当年土耳其来华留学学生总数的 12.1%（2018 年土耳其来华留学学生总数为 1 854 人），其中获得中国政府奖学金的学历生为 220 人,非学历生为 5 人。学历生中获得中国政府奖学金的本科生为 30 人,硕士研究生为 151 人,博士研究生为 39 人,硕士研究生获得中国政府奖学金的比例远远高于其他学历生。在非学历生中,获得中国政府奖学金的普通进修生为 4 人,高级进修生为 1 人。

二、土耳其学生来华留学意愿调查

根据土耳其学生来华留学意愿调查,土耳其学生来华留学意愿较强。在来华留学吸引力方面,83.87% 的调查对象反映来华留学有吸引力,其中 19.35% 认为来华留学很有吸引力,35.48% 认为来华留学比较有吸引力,如图 2-15 所示。

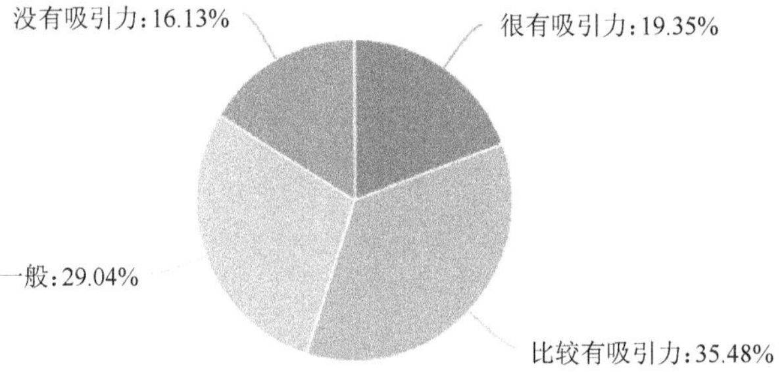

图 2-15 来华留学在土耳其的吸引力调查

在土耳其政府对来华留学支持力度方面,67.74% 的调查对象认为土耳其政府鼓励学生来华留学,但资金上的支持比较少;12.9% 的调查对象认为土耳其政府对学生来华留学支持力度一般,资金上不给予支持;9.68% 的调查对象认为土耳其政府鼓励学生来华留学并且给予资金支持;9.68% 的调查对象认为土耳其政府不鼓励学生来华留学,如图 2-16 所示。

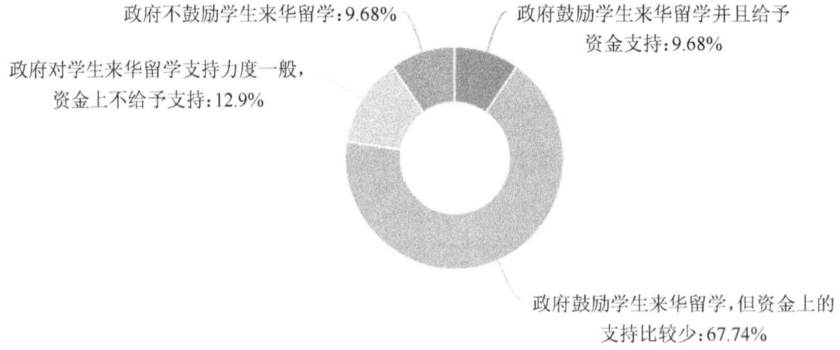

图 2-16 土耳其政府对学生来华留学支持力度调查

在中国学历在土耳其的认可程度方面,45.16% 的调查对象认为土耳其社会认可中国学历,其中 12.90% 认为土耳其对中国学历高度认可;35.48% 的调查对象认为土耳其不太认可中国学历；12.90% 的调查对象认为土耳其不认可中国学历，如图 2-17 所示。

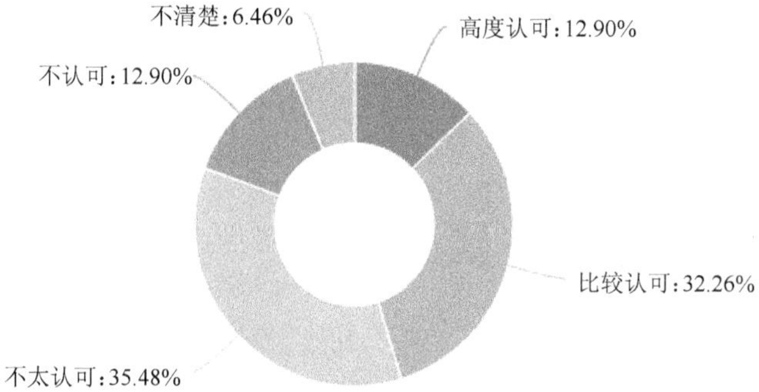

图 2-17　中国学历在土耳其的认可程度调查

在土耳其民众对来华留学态度方面，调查显示，29.03% 的调查对象表示土耳其民众认为来华留学很有前景，61.29% 的调查对象认为来华留学前景一般，而 9.68% 的调查对象表示土耳其民众认为来华留学没有前景，如图 2-18 所示。

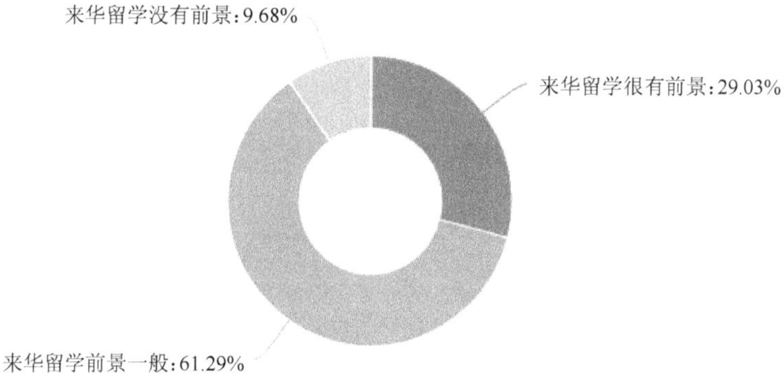

图 2-18　土耳其民众对来华留学的态度调查

在来华留学原因方面，调查显示，想学习中文、喜欢中国历史文化、中国对留学生政策较好、中国高等教育水平比国内好是土耳其学生来华留学的最主要原因。其中，41.94% 的调查对象表示来华留学是因为想学习中文，22.58% 的调查对象表示来华留学是因为喜欢中国历史文化，9.68% 的调查对象表示来华留学是因为中国对留学生的政策较好，9.68% 的调查对象表示中国高等教育水平比国内好，如图 2-19 所示。

在来华留学的困难方面，如图 2-20 所示，35.48% 的调查对象认为来华留学申请程序复杂，22.58% 认为两国文化差异较大，16.13% 认为来华留学申请条件高，16.13% 认为来华留学费用高，9.68% 认为来华留学申请途径少。

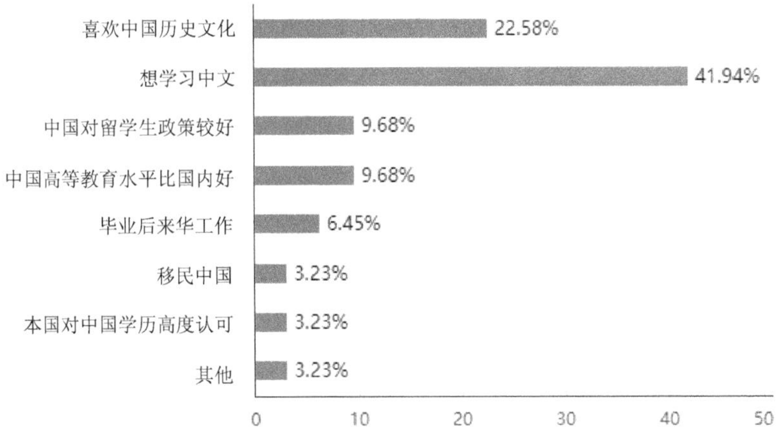

图 2-19　土耳其学生来华留学的原因调查

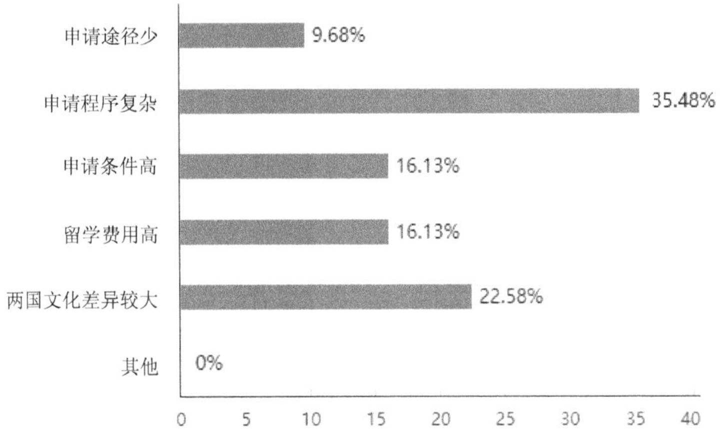

图 2-20　土耳其学生来华留学的困难调查

参考文献

中文部分

著作类：

[1]　黄维民，慕怀琴．土耳其史话 [M]. 北京：中国书籍出版社，2014.

[2]　郭长刚，刘义．土耳其发展报告（2014）[M]. 北京：社会科学文献出版社，2014.

[3]　杜修平．图解国别高等教育制度 [M]. 北京：东方出版社，2020.

[4]　汤国忠，张楠．土耳其教育研究 [M]. 广西：广西教育出版社，2023.

期刊类：

[1] 蔡明忠．土耳其的伊斯兰节日 [J]. 国际经济合作，1986（2）：56-57.

[2] 李政云．博洛尼亚进程中的土耳其高等教育改革 [J]. 高等教育研究，2012，33（7）：104-109.

[3] 肖静芬．走进土耳其私立小学 [J]. 教育教学论坛，2015（44）：62-63.

[4] 刘军，王亚克．土耳其教育体制与汉语国际教育研究 [J]. 云南师范大学学报（对外汉语教学与研究版），2019，17（3）：62-71.

[5] 李亚昕．土耳其职业教育的现状与发展趋势 [J]. 深圳职业技术学院学报，2018，17（3）：91-95.

[6] 焦炜．土耳其初等教育课程改革评析 [J]. 外国教育研究，2012，39（1）：106-112.

[7] 李广平．土耳其教师教育的高等教育化与大学化转型 [J]. 外国教育研究，2009，36（7）：7-10.

[8] 杨天平，金如意．博洛尼亚进程述论 [J]. 华东师范大学学报（教育科学版），2009，27（1）：9-22.

[9] 刘进，徐丽．"一带一路"沿线国家的高等教育现状与发展趋势研究（十九）：以土耳其为例 [J]. 世界教育信息，2019，32（1）：34-38.

[10] 吴秋晨，朱晓琳．中等职业教育改革趋势研究：基于土耳其《2023 教育愿景》的分析和启示 [J]. 教育与职业，2023（1）：67-73.

[11] 杨晓霭．汉语"本土化"教学与汉语国际教育专业硕士的培养：以土耳其汉语教学为个案 [J]. 中国大学教学，2012（6）：35-38.

[12] 王亚克，刘军．土耳其中小学汉语教学发展问题研究 [J]. 海外华文教育，2018（4）：94-102.

[13] 苗福光．土耳其汉学研究与孔子学院发展现状 [J]. 阿拉伯世界研究，2014（2）：111-120.

[14] 周瑶，吴长青．土耳其语言政策的变迁及国际中文教育在土发展对策 [J]. 湖北经济学院学报（人文社会科学版），2022，19（10）：102-105.

学位论文类：

[1] 侯苗苗．土耳其教育现代化研究 [D]. 济南：山东师范大学，2017.

[2] 塞德．土耳其高等教育体制改革研究 [D]. 天津：天津大学，2016.

[3] 欧冰茹．土耳其高等教育学费制度改革 [D]. 北京：北京理工大学，2015.

[4] ABABAIKERE H. 土耳其大学汉语专业文化课程教学研究 [D]. 上海：上海外国语大学，2021.

[5] 顾文兵．巴尔干地区孔子学院汉语课程设置研究 [D]. 南京：南京航空航天大学，2021.

外文部分

期刊类:

[1] CELIK Z ,GUR B S. Turkey's education policy during the AK Party Era(2002—2013)[J]. Insight Turkey,2013,15(4):168-169.

[2] OECD. Education policy outlook in Turkey[J]. OECD education policy perspectives, 2020, 23:1-31.

第三章　乌兹别克斯坦中高等教育研究

第一节　乌兹别克斯坦国家概况

一、地理位置和行政区划

乌兹别克斯坦共和国（The Republic of Uzbekistan），简称乌兹别克斯坦，位于中亚腹地，其 5 个邻国均是内陆国。它的东部和东南部与吉尔吉斯斯坦和塔吉克斯坦接壤，北部和东北部与哈萨克斯坦接壤，西部与土库曼斯坦接壤，南部与阿富汗接壤。总面积达 44.89 万平方千米，东部为海拔 1 500~3 000 米的山区，最高峰海拔 4 643 米，其中西部的平原、盆地、沙漠约占国土面积的三分之二，海拔为 0~1 000 米。全境平均海拔为 200~400 米。

乌兹别克斯坦共划分为 1 个共和国（卡拉卡尔帕克斯坦自治共和国）、12 个州（花剌子模州、纳沃伊州、布哈拉州、撒马尔罕州、卡什卡达里亚州、苏尔汉河州、吉扎克州、锡尔河州、塔什干州、纳曼干州、安集延州、费尔干纳州）和 1 个直辖市（塔什干市）。

乌兹别克斯坦的地势东高西低。平原低地大部分位于西北部的克孜勒库姆沙漠，占总面积的 80%。东、南均属于天山山脉和吉萨尔-阿赖山脉的西缘，内有著名的费尔干纳盆地和泽拉夫尚盆地。主要河流有阿姆河、锡尔河和泽拉夫尚河，均为内陆河流。此外，这里山谷肥沃，具有丰富的自然资源。

乌兹别克斯坦的气候属于大陆性气候，非常干燥。夏季炎热并且漫长，7 月份的平均气温为 25~32 ℃，在南方日间气温更是高达 40 ℃；冬季寒冷而短暂，1 月份平均气温 -6~3 ℃，北方最低气温可达 -38 ℃。平原低地平均年降水量为 80~200 毫米，山区高达 1 000 毫米，降水大部分集中在冬春季节。

二、人口、民族和语言

至 2024 年，乌兹别克斯坦的人口约有 3 700 万，是中亚地区人口最多的国家，且其人口数量仍在不断增长。这种增长并非均衡分布，塔什干、撒马尔罕、布哈拉等大城市成为人口的主要集聚地，不仅因为这些城市是国家的经济、文化和政治中心，还因为城市化进程的加快带来了更多的就业机会和更好的生活条件。然而,尽管城市人口迅速增加,农村地区的人口也依然占据了重要位置。农村人口的生活主要依赖农业,农业是乌兹别克斯坦国民经济的重要组成部分。随着人口向城市迁移,乌兹别克斯坦在住房、交通、教育和医疗等领域面临着日益增长的需求。为此,政府正在加大公共基础设施投资,旨在平衡城市化和农村发展的需求,解决城市化带来的问题。

乌兹别克斯坦作为一个多民族国家,民族多样是其社会结构的显著特征。乌孜别克族占全国人口的80%以上,是该国的主体民族,其文化、语言和传统深刻影响着国家的各个方面。与此同时,塔吉克族、俄罗斯族等少数民族也共同构成了乌兹别克斯坦丰富的文化图景。不同民族的宗教信仰、节日庆祝和生活方式各具特色,体现了该国的文化多样性。乌兹别克斯坦政府在政策上积极推动民族团结,实施了一系列包容性政策,尊重各民族的文化和宗教传统。这种包容性的社会氛围不仅促进了乌兹别克斯坦内部的团结,也使乌兹别克斯坦在中亚地区成为民族共融的典范。

在语言方面,乌兹别克斯坦呈现出鲜明的多语言格局。乌兹别克语是该国的官方语言。该国独立后,政府大力推动乌兹别克语的普及,尤其是在政治、教育和媒体领域,乌兹别克语成为首选语言。为了与国际社会接轨,乌兹别克斯坦在1993年正式将乌兹别克文从西里尔字母转为拉丁字母书写,这一改革也加速了乌兹别克斯坦与世界其他国家的文化和经济交流。然而,由于历史原因,俄语是乌兹别克斯坦社会的通用语言,广泛用于商业、科技和学术领域,尤其在不同民族之间的交流中,俄语发挥着不可替代的作用。此外,塔吉克语、哈萨克语等少数民族语言也在特定地区广泛使用,体现出乌兹别克斯坦在维护语言多样性和促进社会和谐方面的灵活性和包容性。这种多语言的格局为乌兹别克斯坦的多民族社会提供了更广泛的文化和经济互动空间。

三、教育

2017年,乌兹别克斯坦国民教育迎来了新的发展机遇。《2017—2021年乌兹别克斯坦发展战略》特别强调了教育改革是相当紧迫并且十分必要的,也为后续制定和实施改革政策制定了蓝图。

乌兹别克斯坦的教育改革由内阁负责,并得到公共教育部、高等职业教育部和其他相关政府机构的支持。政府总揽全局,负责制定和实施教育政策,并建立相关的教育规划,管理各级教育机构。公共教育部负责学前教育、基础教育、特殊教育、课外活动和教师培训。高等教育和中等教育部负责高等教育和职业规划,并制定二级法规以保障教育质量。教育改革与发展和国家建设保持同步,政府部门的各级教育和培训项目、各个阶段的人才培养目标,都随着经济发展和各产业动态及时进行调整。同时,各级教育机构依照国家法律法规、规章制度开展相应的教育活动。

对于中等职业教育而言，人才培养和市场的需求基本上是对“教育机会”和“教育产品”的需求，这些需求主要存在于中等职业教育“输入”环节和“输出”环节。社会对人才的需求要求中等职业教育人才培养体系应与社会多样化需求相适应。中等职业教育与经济社会的沟通和对接渠道十分重要，专业结构和培养方案应与当地的经济社会发展相适应，“扎根地区、服务地区”，促进中等职业教育的各种“进出口”人才培养渠道的形成，加强中等职业教育与外部需求的联系，使得中等职业教育的人才培养和市场需求相互依赖、共同发展。

乌兹别克斯坦实行“初级—中级—高级”三级教育体系，以满足劳动力市场的需求。乌兹别克斯坦实施精英教育与大众教育相结合的国家终身教育计划，最终实现全民终身教育公平。乌兹别克斯坦建立了中小学义务教育制度，根据基础教育普及情况提高全国识字率，既适应国家发展需要，又进一步协调和对接专业 / 职业教育体系。乌兹别克斯坦将公办和自费办学相结合，提高高校招生比例，提高全国高等教育水平、职工技术技能。乌兹别克斯坦在发展多种形式的非学历教育的同时，不断探索学前教育新模式，努力实现早期教育的高覆盖率。乌兹别克斯坦的国民教育改革在经济全球化的推动下，迈出了与国际接轨的重要一步。随着一系列政策法规的出台，乌兹别克斯坦的教育改革正朝着开放、规范、国际化的方向发展。

四、经济

乌兹别克斯坦是一个传统的农业和粮食自给自足的国家。乌兹别克斯坦 2017 年粮食产量为 838 万吨，其中 90% 为小麦。乌兹别克斯坦是世界第五大棉花生产国和第二大棉花出口国，年均棉花产量（籽棉）350 万吨。原棉年加工量约为 120 万吨，其中 75% 用于出口。 2017 年，该国生产籽棉 293 万吨，皮棉约 80 万吨，其中 70% 用于国内加工，其余出口；另外生产蚕茧 12 450 吨。乌兹别克斯坦也是中亚重要的果蔬产区，2017 年各类果蔬产量为 2 300 万吨；同时，生产肉类为 1 300 万吨。乌兹别克斯坦依托灌溉土壤改良基金，采取一系列措施，实现农业现代化生产，并建设供水和污水处理系统。

乌兹别克斯坦凭借丰富的矿产和能源资源在全球占据重要地位。该国已探明的黄金储量为 6 400 吨，世界排名第十，天然气储量达 3.4 万亿立方米，煤炭储量为 18.3 亿吨，铀储量为 13.92 万吨，铀矿开采量居世界第五位。此外，乌兹别克斯坦也拥有丰富的非金属矿产资源，包括岩盐、硫酸盐、矿物颜料、硫黄、萤石、滑石、高岭土、氧化铝、磷酸钙、建筑石料等。乌兹别克斯坦在全球资源市场中占据重要地位，尤其在黄金、天然气和铀的产量方面有显著的影响力。

乌兹别克斯坦拥有丰富的石油和天然气资源。石油储量约为 1 亿吨，凝析油储量达 1.9 亿吨，天然气储量则高达 3.4 万亿立方米。该国的天然气产量在全球位居第十一位，是中亚地区的重要能源生产国和出口国，其能源资源对国家经济发展和国际能源市场具有重要战略意义。乌兹别克斯坦没有自己的核工业，开采的铀原料全部出口。随着国际铀价上涨，日本、韩国、中国、俄罗斯、美国等国的能源企业纷纷表示有意在乌兹别克斯坦开展铀矿开发合作。铀矿开采已成为乌兹别克斯坦提高国际地位和促进经济发展的重要工具。

乌兹别克斯坦的工业在国民经济中的比重逐年增加，逐渐成为推动经济增长的核心动力之一。随着该国丰富的石油、天然气等能源资源的开发利用，能源工业得到了显著发展，带动了石油化工、天然气加工等下游产业的蓬勃发展。同时，乌兹别克斯坦在黄金、铀、铜等矿产资源的开发和加工方面也取得了显著成就，矿业和冶金工业对国家经济的贡献持续扩大。此外，政府积极推动制造业的现代化和多元化，尤其在汽车制造、纺织、化工和建筑材料等领域，逐步提升了工业产值。通过实施一系列经济改革和吸引外资的措施，乌兹别克斯坦的工业化进程进一步加快，使其在中亚地区的经济地位日益突出。工业的快速发展不仅创造了大量就业机会，也为国家财政收入提供了稳定来源，推动了整体经济的可持续发展。

第二节　乌兹别克斯坦中等教育制度

一、中学类型

乌兹别克斯坦实施义务教育制度，义务教育阶段为 11~12 年，其中初级阶段 4 年，中级阶段 5 年，高级阶段 2~3 年。乌兹别克斯坦的中等教育分为两个阶段：第一阶段为义务教育中级阶段的 5 年，即初中教育，乌兹别克斯坦各地的课程是相同的；第二阶段为义务教育高级阶段的 2~3 年，包括九年级后的高中教育（完成后可获得中等教育证书）或职业教育（完成后可获得中等专业教育文凭）。

乌兹别克斯坦约有 9 700 所学校，包括约 1 850 所初中、1 919 所高中、107 所成人教育中心和 85 所残疾儿童特殊学校。1999—2000 年，这些学校的在校生人数达 570 多万。由于义务教育是免费提供给乌兹别克斯坦所有儿童的，所以私立学校很难证明其存在的合理性。事实上，它们在 1993 年就被禁止了。

二、初中学习科目及成绩单

乌兹别克斯坦初中阶段的必修科目包含英语、数学、科学（生物学、化学、物理学），选修科目包括历史、地理、计算 / 信息通信技术、现代外语（法语、西班牙语、俄语）、音乐、戏剧、艺术、体育等。最终成绩可分为优秀、良好、满意三个层次。初中学科成绩单如图 3-1 所示。

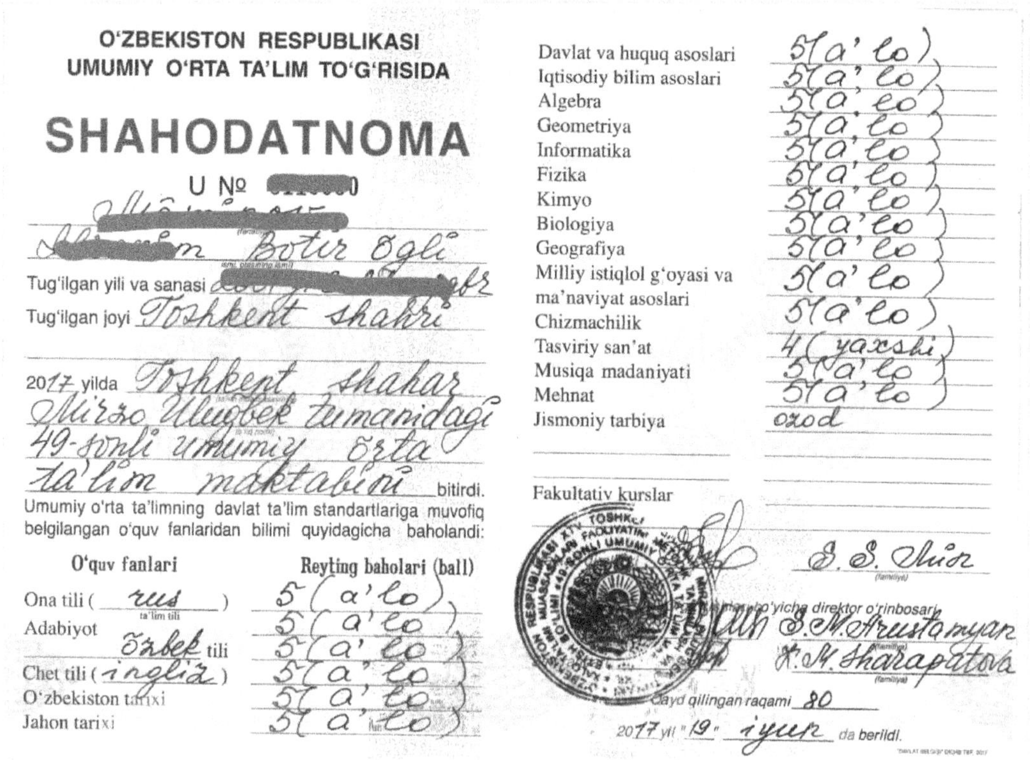

O'ZBEKISTON RESPUBLIKASI
UMUMIY O'RTA TA'LIM TO'G'RISIDA

SHAHODATNOMA

U № [redacted]

[redacted]

[redacted] Botir O'g'li

Tug'ilgan yili va sanasi [redacted]

Tug'ilgan joyi Toshkent shahri

2017 yilda Toshkent shahar Mirzo Ulug'bek tumanidagi 49-sonli umumiy o'rta ta'lim maktabini bitirdi.

Umumiy o'rta ta'limning davlat ta'lim standartlariga muvofiq belgilangan o'quv fanlaridan bilimi quyidagicha baholandi:

O'quv fanlari	Reyting baholari (ball)
Ona tili (rus ta'lim tili)	5 (a'lo)
Adabiyot (O'zbek tili)	5 (a'lo)
Chet tili (ingliz)	5 (a'lo)
O'zbekiston tarixi	5 (a'lo)
Jahon tarixi	5 (a'lo)
Davlat va huquq asoslari	5 (a'lo)
Iqtisodiy bilim asoslari	5 (a'lo)
Algebra	5 (a'lo)
Geometriya	5 (a'lo)
Informatika	5 (a'lo)
Fizika	5 (a'lo)
Kimyo	5 (a'lo)
Biologiya	5 (a'lo)
Geografiya	5 (a'lo)
Milliy istiqlol g'oyasi va ma'naviyat asoslari	5 (a'lo)
Chizmachilik	5 (a'lo)
Tasviriy san'at	4 (yaxshi)
Musiqa madaniyati	5 (a'lo)
Mehnat	5 (a'lo)
Jismoniy tarbiya	ozod

Fakultativ kurslar

I. S. Mir (familiya)

...bo'yicha direktor o'rinbosari S.M. Arustamyan (familiya)

K.M. Sharapatova (familiya)

Qayd qilingan raqami 80

2017 yil "19" iyun da berildi.

图 3-1　乌兹别克斯坦初中学科成绩单

三、初中毕业制度

基础中等教育根据学习计划向学生传授必要的知识、能力和技能，培养他们的独立思考能力和分析能力。为帮助学生掌握基本的职业知识和技能，在基础中等教育阶段（即七年级），学校会采取措施进行初步的职业评估和定位。教师在课堂上对学生的口头回答和书面作业进行评分，标准化考试和选择题测试则相对较少采用。每个学期结束时，成绩取各次评估的平均值。学期末则进行期末考试，考试形式为笔试或口试。学生在中学毕业时，将获得证书或文凭，其中，第一张证书是在完成 9 年基础中等教育后颁发的，之后学生可以选择进入不同类型的学校继续深造。

四、高中学习科目及成绩单

乌兹别克斯坦高中阶段（十～十一年级）的学习科目设置旨在全面提升学生的学术能力和职业技能。其核心科目包括数学、物理、化学、生物学、历史、地理、文学和外语，外语通常包括英语和俄语，这些课程帮助学生建立坚实的科学基础和全球视野。此外，信息技术课程也被纳入必修科目，以应对现代社会对数字技能的需求。根据不同的学校和教育方向，部分学校还提供职业导向课程，如工程、医学、农业等领域的基础知识课程和技能培训。这些课程不仅能帮助学生为接受高等教育做好准备，还能为其将来进入特定行业提供初步的专业知识和实践经验。高中学科成绩单如图 3-2 所示。

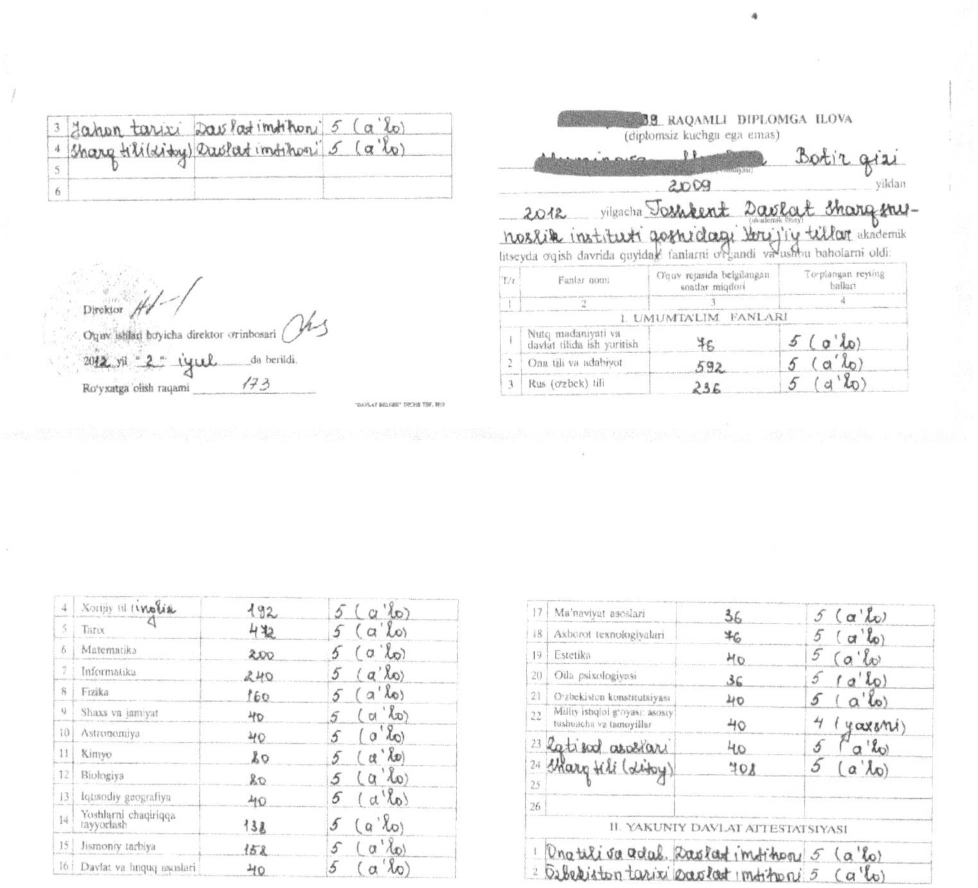

[redacted] RAQAMLI DIPLOMGA ILOVA
(diplomsiz kuchga ega emas)

[redacted] Botir qizi
2009 yildan
2012 yilgacha Toshkent Davlat Sharqshunoslik instituti qoshidagi Xorijiy tillar akademik litseyda o'qish davrida quyidagi fanlarni o'rgandi va ushbu baholarni oldi:

T/r	Fanlar nomi	O'quv rejasida belgilangan soatlar miqdori	To'plangan reyting ballari
1	2	3	4
	I. UMUMTA'LIM FANLARI		
1	Nutq madaniyati va davlat tilida ish yuritish	76	5 (a'lo)
2	Ona tili va adabiyot	592	5 (a'lo)
3	Rus (o'zbek) tili	236	5 (a'lo)
4	Xorijiy til (ingliz)	192	5 (a'lo)
5	Tarix	472	5 (a'lo)
6	Matematika	200	5 (a'lo)
7	Informatika	240	5 (a'lo)
8	Fizika	160	5 (a'lo)
9	Shaxs va jamiyat	40	5 (a'lo)
10	Astronomiya	40	5 (a'lo)
11	Kimyo	80	5 (a'lo)
12	Biologiya	80	5 (a'lo)
13	Iqtisodiy geografiya	40	5 (a'lo)
14	Yoshlarni chaqiriqqa tayyorlash	138	5 (a'lo)
15	Jismoniy tarbiya	152	5 (a'lo)
16	Davlat va huquq asoslari	40	5 (a'lo)
17	Ma'naviyat asoslari	36	5 (a'lo)
18	Axborot texnologiyalari	76	5 (a'lo)
19	Estetika	40	5 (a'lo)
20	Oila psixologiyasi	36	5 (a'lo)
21	O'zbekiston konstitutsiyasi	40	5 (a'lo)
22	Milliy istiqlol g'oyasi: asosiy tushuncha va tamoyillar	40	4 (yaxshi)
23	Iqtisod asoslari	40	5 (a'lo)
24	Sharq tili (Xitoy)	708	5 (a'lo)
25			
26			
	II. YAKUNIY DAVLAT ATTESTATSIYASI		
1	Ona tili va adab.	Davlat imtihoni	5 (a'lo)
2	O'zbekiston tarixi	Davlat imtihoni	5 (a'lo)
3	Jahon tarixi	Davlat imtihoni	5 (a'lo)
4	Sharq tili (Xitoy)	Davlat imtihoni	5 (a'lo)
5			
6			

Direktor

O'quv ishlari bo'yicha direktor o'rinbosari

2012 yil "2" iyul da berildi.

Ro'yxatga olish raqami 173

图 3-2 乌兹别克斯坦高中学科成绩单

五、高中毕业制度

乌兹别克斯坦的高中毕业制度要求学生在完成十～十一年级的课程后，参加一系列毕业考试以获得高中毕业证书。这些考试通常包括国家统一考试和学校内部的期末考试，涵盖数学、物理、化学、生物学、历史、地理、文学和外语等核心科目。国家统一考试主要考查学生对核心科目的掌握水平，并且成绩是学生毕业及进入高等教育机构的重要依据。毕业证书不仅是对学生在高中阶段学习成果的认可，还为他们申请大学或其他高等教育机构提供了必要的资格证明。此外，学生在高中期间还可能参与各种综合评价，包括课堂表现、作业和课外活动方面的评价，以全面衡量他们的学术能力和综合能力。

六、国家统一考试

乌兹别克斯坦所有大学和学院都是公立的。要进入大学学习，个人必须完成中学教育，并取得中学教育证书或相当于该证书的文凭。

1993 年起，乌兹别克斯坦开始实施高等教育入学考试。入学考试于每年 8 月 1 日在全国范围内进行。高等教育机构的学生录取主要根据成绩。但是，某些机构要求进行面试以确定学生在特定领域的能力。大学和研究所还需要对学生进行基本的医疗检查，以确保学生适合继续学业。1996 年以来，高等教育入学考试的科目包括乌兹别克语和文学、外语（英语、德语或法语）以及社会科学或自然科学。

除了正常入学的学生，大学和研究所通常会接收一些成绩较已经入学的学生低的候选人，这些候选人可以替代表现不佳或可能辍学的学生。

第三节 乌兹别克斯坦高等教育制度

一、乌兹别克斯坦高等教育制度概况

乌兹别克斯坦在高等教育阶段实行本科和研究生教育两级体系，学生在完成本科阶段的学习后，可以进入研究生阶段学习。

高等教育机构可以分为以下三类。

第一，综合性大学。它提供本科教育和研究生教育，涉及专业最为广泛。综合性大学进行基础性和实用性的科学研究。截至 2023 年，乌兹别克斯坦综合性大学总共有 22 所，包括 19 所乌兹别克斯坦的大学和 3 所国外大学的分支机构——威斯敏斯特国际大学塔什干分校、莫斯科国立大学塔什干分校和俄罗斯国立石油天然气大学分校。

第二，专业学院。专业学院只提供特定专业的本科以及研究生教育。在塔什干有 3 所专业学院：塔什干医学院、乌兹别克斯坦税务学院和俄罗斯普列汉诺夫经济大学分校。

第三，学院。一般来说，学院教育包括本科和硕士研究生教育两个阶段。乌兹别克斯坦共有 42 所学院，包括新加坡管理学院塔什干分校。

（一）本科生入学、培养及毕业制度

本科教育是最基本的高等教育，为学生提供不少于 4 年的专业基础教育。在完成学业后，毕业生获得学士学位证书。

世界范围内高等教育的学生录取模式分为两种：一种是有限录取，一种是无限录取。有限录取即在高等院校进行学习需要收取学费和其他费用。学费和其他费用在有限录取模式中扮演重要角色，即学生如果没有足够的资金支持，则不能进入高等院校学习，甚至没有参加考试的机会。无限录取模式主要被发达国家采用。录取机会非常容易获得，但是这种模式下的教育质量不高。

乌兹别克斯坦高等教育采取有限录取模式。采取这种模式的主要原因如下：第一，高等院校的录取名额是提前分配好的，学生分为公费生和自费生，在这种模式下，政府根据劳动力市场对专业的需求来进行名额配置，而非学生的个人能力和喜好；第二，考试成绩确定后，各高等院校分别制定分数线，并根据自身具体情况对考生进行筛选，选择符合要求的高素质考生。

一般来说，学生每天都要上5~6小时的课。学生经常在周六也要学习，通常一周有30~36小时的学习时间。如果课程持续时间超过一个学期，那么学生在第一个学期结束时会参加考试。在最后两三个学年中，学生还要参加一些以毕业论文形式进行的写作考试，以展示自己的研究能力。最终通过考核后，学生可获得学士文凭（Bakalavr Diplomi），荣誉学士文凭（Faxriy Bakalavr Diplomi）。在成绩单方面，包括以下几部分：Bakalavr Diplomiga Ilova（学士文凭补充），这是学士学位课程的正式成绩单，列出了所修科目及成绩（无此文凭则学位无效）；Akademik Ma' lumotnoma（学历证书），是针对未完成高等教育的学士学位官方成绩单；以及Reyting Daftarchasi（“评级”手册），这是学生个人手册，用于记录学士学习期间的课程、考试和成绩。本科毕业证书如图3-3所示。

（二）硕士研究生入学、培养及毕业制度

硕士研究生教育建立在本科教育的基础上，该阶段的学习时间不少于2年，合格毕业生最终获得硕士学位证书。该学位确保毕业生可以在相关领域工作。不过，乌兹别克斯坦高等教育对硕士研究生的专业选择有限制，只有相关专业的本科毕业生才能获得接受该专业硕士研究生教育的资格。

本科和硕士研究生阶段的成绩均为评级制（Reyting）分数，基于每个科目的最高分数，可显示为具体分数或评级。这需要计算：①每个科目的教学时数 = 最高分 =100% 的成绩；②学生在该科目中取得的分数就是成绩；③将学生取得的分数除以最高分得出百分比，百分比与以语言描述词形式表述的等级进行比较。对于优秀、良好和满意对应的分数（百分比），不同学校的标准有所不同，但在所有情况下，55% 都是最低的及格线。乌兹别克斯坦语科目的成绩评级如表3-1所示。

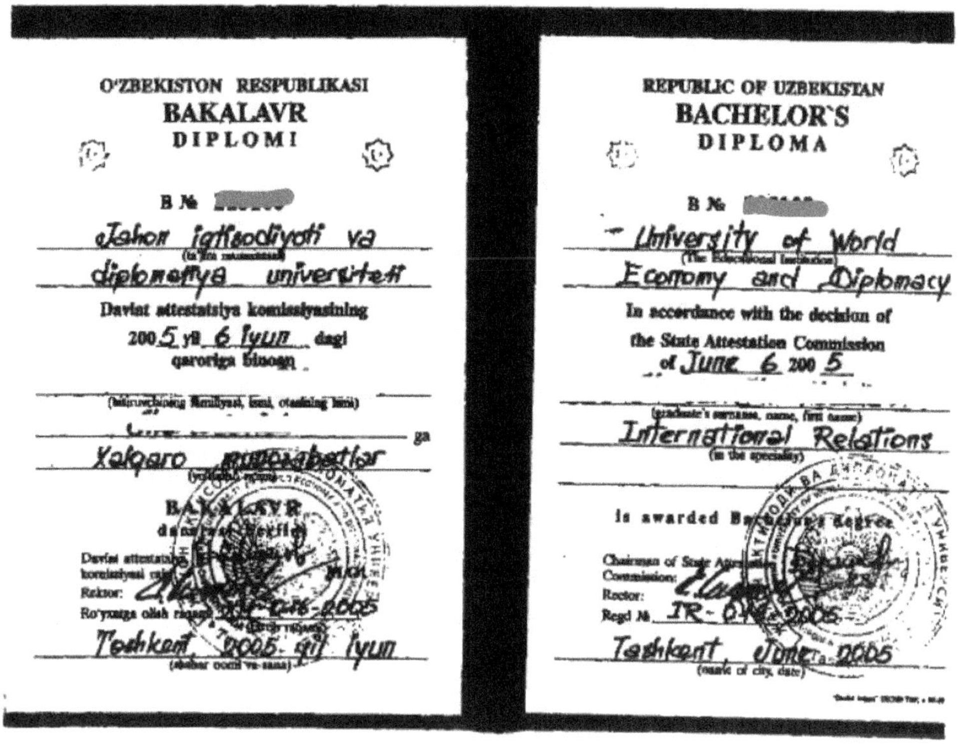

图 3-3　本科毕业证书

表 3-1　乌兹别克斯坦语科目的成绩评级

评级制分数	乌兹别克斯坦语	等级
85%~100%	*a' lo*	优秀
75%~84%	*yahshi*	良好
55%~74%	*qoniqarli*	满意
低于 55%	*qoniqarsiz*	不及格
重修	*sinov*	重修

学生毕业后可获得硕士文凭（Magistr Diplomi）。在成绩单方面，包括以下几部分：硕士文凭补充（Magistr Diplomiga Ilova），这是硕士学位课程的正式成绩单，列出了所修科目及成绩（无此文凭则学位无效）；学历证书（Akademik Ma' lumotnoma），适用于未完成硕士课程的学生，作为官方成绩记录；以及“评级”手册（Reyting Daftarchasi），这是学生个人手册，用于记录硕士学习期间的课程、考试和成绩。硕士研究生毕业证书如图 3-4 所示。

图 3-4 硕士研究生毕业证书

(三)博士研究生入学、培养及毕业制度

高等教育的第三阶段可分为 3 年的科学候选人（Kandidat Nauk）和科学博士（Doktor Nauk）,进行高级研究和论文撰写。1998 年,近 300 个教育和研究机构共雇用了超过 25 000 名科学家和研究人员。大多数有才华的大学或研究所毕业生都进入研究生培训第一级（Aspirantura)。博士研究生经过 3 年的学习、2~3 次考试以及论文的撰写与答辩,由部长内阁授予科学候选人学位相当于博士学位。科学候选人学位与美国的博士学位不同,不是一个最终学位。最高学位是科学博士,大约相当于美国的博士后水平。由于这一学位具有很高的荣誉和影响力,政府对这一学位的申请者提出了严格要求:申请这一学位或进入相应的博士生阶段(Doktorantura)并不需要参加考试,而是通过竞争性的论文提案和最高学术资质的评审。申请者必须在所选领域中表现出卓越的研究能力,并满足以下条件:①为相关研究领域撰写广泛的学术综述;②申请并实施一项具有重大意义（甚至具有革命性）的发明专利;③发现或创建一个全新的研究方向。

此外,申请者还需具备多年研究经验,并在核心科学期刊上发表多篇高质量学术文章。这样的人才会选择参加 Doktorantura,或利用业余时间撰写论文,他们不需要修读正式课程或参加考试,因为他们已经是特定研究领域的“专家”。

要获得这个学位,他们所要撰写的论文比博士论文长 2 倍,将在由 10~20 名科学博士级专家组成的科学委员会面前进行正式公开答辩。因此,经过 2~3 年的 Doktorantura 学习,如果论文被接受并答辩通过,该申请者将获得内阁授予的科学博士学位（并非像西方传统那样由大学授予)。他们的贡献为未来的博士研究生开辟了新的研究领域,该学者也将成为博士研究生研究中的科学导师。政府要求、答辩程序和凭证授予机制是科学博士学位与西方博士后研究的不同之处。科学博士学位是获得正式教授职位的必要条件。

二、高等教育的改革

(一)高等教育的结构类型

乌兹别克斯坦的教育包括学前教育、初等教育、中等教育、高等教育(包括本科教育和研究生教育)等。当前乌兹别克斯坦的11~12年义务教育包括4年初级阶段教育、5年中级阶段教育、2~3年高级阶段教育。

乌兹别克斯坦是当时苏联加盟共和国中最早实行两级教育制度的国家之一。高等教育分为本科教育和研究生教育。本科教育是最基本的高等教育,为学生提供不少于4年的基本职业培训,学生毕业后获得学士学位。硕士研究生教育以本科教育为基础,该阶段学习时间不少于2年,获得硕士学位意味着申请人可以在相关领域工作。然而,乌兹别克斯坦的高等教育在研究生专业选择方面受到限制,只有相应专业的本科毕业生才能获得该专业的硕士学位。获得学士和硕士学位的毕业生可以根据其专业从事相关领域的工作,也可以在高等教育机构继续学习。乌兹别克斯坦的博士研究生教育分为两个阶段,即基础博士研究生和博士研究生,基础博士研究生和博士研究生必须有相关论文成果。

(二)高等教育的改革之路

乌兹别克斯坦政府高度重视教育的发展特别是高等教育的发展。高等教育的改革可以分为两个阶段。

第一阶段:从1991年到1995年,这个阶段可以称为重建阶段。主要改革内容如下。

1)重视大学教育。在此期间建立的大学包括:塔什干国立科技大学、塔什干经济大学、世界经济外交大学、塔什干伊斯兰大学、安集延大学、布哈拉大学、古利斯坦大学、卡希尔大学、纳曼干大学、费尔干纳大学以及乌尔根大学。其中,乌尔根大学是在原有院校基础上建立的。同时,塔什干外国语学院、塔什干农业学院被授予大学的地位。

2)高等院校分化为更为细小的单位。例如,之前的塔什干工业学院拆分为塔什干化工学院和塔什干建筑学院两所大学。

3)高等教育更加地区化。在乌兹别克斯坦,大学十分集中,其中的大多数位于塔什干。为了避免这种情况,乌兹别克斯坦政府在全国范围内成立多所地方性大学。

第二阶段:1996年至今,乌兹别克斯坦制定了关于高等教育发展观念的文件。此文件首次讨论了乌兹别克斯坦高等教育的发展情况以及相关对策,并在媒体的宣传下得到普及。此阶段的主要改革内容如下。

1）将高等教育分为本科教育和研究生教育两个阶段。乌兹别克斯坦高等院校基本上都提供本科、研究生教育。大多数高等院校侧重于某一特定领域的教育。例如，塔什干经济大学偏重和经济相关的科目，世界经济外交大学着眼于国际政治和国际经济，塔什干国立科技大学注重工程和与其相关的技术类专业。

2）采取新的经费制度。政府提供财政预算，对取得良好入学成绩的考生进行补助，同时招收自费生。从1994年开始，乌兹别克斯坦的高等教育实行定额录取，学生分为两种：一种是公费生，即政府以学费以及奖学金资助的学生；另一种就是自费生，这些学生自筹学费。每年国家考试中心都会公布所有公费生和自费生的学生人数比例。学生能否获得公费生名额取决于其考试成绩的高低。从近几年的招生考试结果来看，考生择校有四个趋势。一是地方高校逐渐受到考生青睐。例如，南部蒂尔梅兹大学学位竞争最激烈，意味着许多申请者倾向于选择更近的非省级大学。第二，虽然地方高校考生数量较多，但录取分数低于平均水平，说明成绩好的考生大多会选择省会城市和大城市的学校。第三，农业、自然科学、工程等专业入学率最低，录取分数最低。第四，医药、经济、金融、法律等专业很受欢迎，可以吸引更多优秀学生。

3）通过入学考试招收学生。为了提高入学考试的公平性，乌兹别克斯坦从1994年开始组织全国统一入学考试。此后，大部分高等教育机构（除了国外高校的分校、研究院等）都由国家考试中心管理。考生仍向招生代理机构提交申请，但考试材料由国家考试中心统一管理和评分。国家每年分配一定数量的公费生和自费生名额。申请者每年只能申请一个专业。考生在提交申请后，方可参加考试。考试内容以考生申请专业为准。考生将参加3个科目的考试，每个科目包括36道多项选择题。国家考试中心将结合考生报告志愿根据成绩自上而下录取考生。

(三)高等教育的改革局限

1991年，乌兹别克斯坦对高等教育实施改革，并取得了一定的成果。然而，在改革进程中，乌兹别克斯坦高等教育机构在录取机制、教育经费、男女比例和地域分布等方面都存在一定的局限性，这也就给乌兹别克斯坦高等教育在国际化背景下的发展带来了更多的挑战。

1. 高校录取机制不科学

在目前的高等教育体制下，申请者每年只能申请一个专业。如果考生没有达到所选专业的分数线，他们将失去选择另一个类似专业或进入另一所大学的机会。这种招生模式缺乏灵活性，限制了名校对人才的录取，导致一些优秀学生流失，造成人才的浪费。

针对当前高校招生机制存在的问题，提出以下几点改进建议。一是国家考试中心可以使用全国统一的申请表。考试前，考生可以填写任何一所高等院校的申请表，并明确他们的选择。考试成绩由国家考试中心公布。二是在考生填写报考申请表之前进行统一的国家审查。考试成绩公布后，考生根据考试成绩提出申请，这样可以提高申请者在大学入学过程中的公平性，同时保证大量优秀的申请者获得继续深造的机会。

2. 教育经费的使用效率比较低

乌兹别克斯坦大部分教育经费用于初级和中等教育，由于乌兹别克斯坦实行 11~12 年义务教育制度，即免费的基础教育、中等教育和职业教育，这些教育需要大量的资金投入。乌兹别克斯坦政府在义务教育方面的支出约占 GDP 的 8%，在高等教育方面的支出约占 GDP 的 4%。由于其 GDP 总量较低，高等教育经费短缺的问题尤为突出。

乌兹别克斯坦缺乏明确的培训资金管理体制框架（包括科学的制度和管理模式），培训资金的使用效率低下，决策者需要更有效的管理模式和类似的培训资金管理系统。

3. 高等教育男女比重不均衡

乌兹别克斯坦政府致力于保护女性的受教育权，现有的政策和条例也加强了两性平等。然而，高等教育仍存在男女比例不均衡的现象，其主要原因如下。

首先，国家法律和政策的负面影响。男女学生的比例不均在初级教育阶段并没有显示出来，并且女学生的数量超过了男学生。但是，这种不均衡的现象从中等职业教育开始便逐渐显现出来。到了中等教育阶段，部分女生或者其家庭因距离问题找不到合适的学校。与此同时，中等教育主要注重职业培训，这使一些女生很难对中等教育的主要科目感兴趣，从而中断了她们的教育，使她们更难接受高等教育。中学女生人数的减少直接导致了高等教育女生人数的减少。此外，学校经常为在军队服役的学生提供研究生奖学金，其中大多数是男性，因此女生获得奖学金的可能性较小。这两个因素直接导致了男女高等教育入学率的不平衡，使得女生的比例低于男生。

其次，保守的文化观念也是重要的影响因素。年轻女性受教育的机会比年轻男性小，只有 40% 的女生能够接受高等教育。这可能是因为高等教育机构的地理位置过远以及一些家长对高等教育质量的不信任，这些因素造成了来自家庭的压力。由于收入问题和经济衰退，许多家庭，特别是农村地区的家庭，没有足够的收入让每个孩子接受更高水平的教育，因此这些家庭通常会选择送男孩接受更高水平的教育，女孩通常留在家里从事家务劳动，这会影响她们接受高等教育。

4. 高等教育质量较之前有所降低

1991 年后，乌兹别克斯坦在几个方面采取措施以提高高等教育质量。首先，高等教育机构的数量增加，"国家教育标准" 保证了高等教育的质量。其次，大学发展基金筹集资金用于开发新教科书、完善教育基础设施、改善学生住房，并将先进的科学技术引入高等教育。此外，高等和中等职业教育引进了一个新的信息系统——全国高校电子文档系统。全国高校电子文档系统与高校电子系统相配合，促进了高校之间的联系，为学生学习提供了便利。

然而，乌兹别克斯坦高等教育质量一直饱受争议，高等教育质量低下的原因如下。

第一，课程太多。在西方国家比较知名的大学，学生每学期学习 3~4 门课程，然而在乌兹别克斯坦学生要学习 10~14 门课程，其必然结果是学生无法深入学习大部分课程，无暇专心于他们感兴趣的专业或规划未来的职业生涯。例如，根据乌兹别克斯坦的国家标准，大学生每周学习时间高达 54 小时，包括 32 小时的课堂学习和至少 22 小时的自学，而发达国家的大学生只学习 24 小时，外加 30 小时的自学。这样，课堂学习占用了大量学习时间，学生没有足够的自主学习时间，无法更好地消化所学的知识，教学质量势必下降。

第二，过于强调课堂的学术学习，整个教学过程都是从这种学习模式中衍生出来的。学生的学习主要局限于课堂，学生的练习和作文只是一种形式化的任务。在大多数情况下，这导致教育过程效率低下，无法保证学生真正掌握专业技能。

第三，乌兹别克斯坦的高等教育机构和实验室跟不上时代的步伐。许多实验室和教学设备要么未能得到充分利用，要么已经过于落后。这成为技术工程类专业学生专业能力下降的主要原因。

第四，中等教育水平的降低影响了高等教育的质量。高等院校的教学需要数学、物理、化学、生物等自然科学的支撑，而学生在基础教育和中等教育中没有打下扎实的基础，这直接影响了高等教育的质量，尤其是在自然科学和技术领域。

三、高等教育机构

（一）乌兹别克斯坦高校排名

2021 年末，乌兹别克斯坦国家检查局从人文、技术建设和农业、医学、文体艺术四个方向对国内大学的教育质量进行了评级，在这四个方向排名第一的大学分别是乌兹别克斯坦国立大学、塔什干水利工程与农业机械化工程大学、塔什干医学院、乌兹别克国立体育文化大学。综合排名中塔什干水利工程与农业机械化工程大学、乌兹别克斯坦国立大学和塔什干医学院位列前三。根据丝路新观察网站的数据统计（截至 2021 年 11 月）：2021 年乌兹别克斯坦共有 14.78 万学生申请进入大学学习（2022 年在校人数已达 18.24 万），其中最受欢迎的五所高校，分别是塔什干国立师范大学、乌兹别克斯坦国立大学、纳曼干国立大学、吉扎克国立师范大学、古利斯坦国立大学。

有关乌兹别克斯坦高校更加权威的评价与排名情况，参考“普通大学参考实用程序”University Guru 网站 2023 年数据（universities→Uzbekistan）可知，在与乌兹别克斯坦大学相关的最新排名更新中，乌兹别克斯坦有 24 所高校出现在至少某一个机构的高校排名中，这 24 所高校分别为：塔什干灌溉与农业机械化工程大学（Tashkent Institute of Irrigation and Agricultural Mechanization Engineers）、乌兹别克斯坦国立大学（National University of Uzbekistan）、塔什干国立技术大学（Tashkent State Technical University）、塔什干信息技术大学（Tashkent University of Information Technology）、撒马尔罕国立大学（Samarkand State University）、塔什干国立农业大学（Tashkent State Agrarian University）、莫斯科国立大学塔什干分校（Moscow State University in Tashkent）、卡拉卡尔帕克国立大学（Karakalpak State University）、塔什干国立师范大学（Tashkent State Pedagogical University）、安集延州立医学研究所（Andijan State Medical Institute）、塔什干国立经济大学（Tashkent State University of Economics）、威斯敏斯特国际大学塔什干分校（Westminster International University in Tashkent）、布哈拉国立大学（Bukhara State University）、塔什干医学院（Tashkent Medical Academy）、都灵理工大学塔什干分校（Turin Polytechnic University in Tashkent）、塔什干国立法律大学（Tashkent State University of Law）、塔什干儿科医学研究所（Tashkent Pediatric Medical Institute）、安集延州立大学（Andijan State University）、塔什干制药研究所（Tashkent Pharmaceutical Institute）、塔什干铁路运输工程师学院（Tashkent Institute of Railway Transport Engineers）、撒马尔罕国立医学研究所（Samarkand State Medical Institute）、乌尔根奇州立大学（Urgench State University）、布哈拉国立医学研究所（Bukhara State Medical Institute）、费尔干纳理工学院（Ferghana Polytechnical Institute）。而这 24 所乌兹别克斯坦的高校中，塔什干信息技术大学上榜次数最多，共在 21 个机构排名中出现，包括 SCImago 机构排名（SCImago Institutions Rankings）：大学，自然指数：顶级学术机构（Nature Index-Top Academic Institutions），QS 世界大学排名：亚洲 2023（QS World University Rankings: Asia 2023），QS 大学排名：新兴欧洲和中亚（QS University Rankings: Emerging Europe & Central Asia），泰晤士高等教育世界大学影响力排名：泰晤士高等教育（THE World University Impact Rankings: Times Higher Education），泰晤士高等教育大学影响力排名（The University Impact Rankings），大学网络测量学排名（Webometrics Ranking Web of Universities）。乌兹别克斯坦国立大学上榜了 RUR 声誉排名（RUR Reputation Ranking），RUR（Round University Ranking）世界大学排名。塔什干灌溉与农业机械化工程大学上榜了 QS 世界大学排名、泰晤士高等教育世界大学影响力排名、大学网络测量学排名。但在全球排名中，乌兹别克斯坦的高校还未进入全球前 200 名。

QS 世界大学排名是由英国一家国际教育市场咨询公司 Quacquarelli Symonds（QS）所发布的年度世界大学排名。QS 公司最初与《泰晤士高等教育》（*Times Higher Education*）合作，共同推出“THE-QS 世界大学排名”，首次发布于 2004 年，是较早的全球大学排名。QS 世界大学排名于 2010 年得到了大学排名国际专家组（IREG）建立的“IREG 学术排名与卓越国际协会”的承认，是参与机构最多、世界影响范围最广的排名之一，与泰晤士高等教育世界大学排名、U.S. News 世界大学排名和软科世界大学学术排名被公认为四大较为权威的世界大学排名。QS 世界大学排名将学术声誉、雇主声誉、师生比、引用率等作为评分依据，因其问卷调查形式的公开透明而被认为是世界上最受注目的大学排行榜之一。QS 公司以学科、地区等因素为依据划分公布了多种排名，包括 QS 世界大学排名、QS 世界大学学科排名（QS World University Rankings by Subject）、QS 洲际大学排名（QS World

University Rankings by Region）、QS 金砖国家大学排名（QS BRICS University Rankings）等。乌兹别克斯坦的众多高校进入 2022 年 6 月 9 日发布的 2023 年 QS 世界大学排名，其中在亚洲模块中共有 8 所乌兹别克斯坦高校上榜，分别是位列 301 位的塔什干灌溉与农业机械化工程大学、位列 351 位的乌兹别克斯坦国立大学、位列 551 位的塔什干国立技术大学和塔什干国立经济大学、位列 601 位的撒马尔罕国立大学和塔什干国立农业大学、位列 701 位的塔什干国立师范大学和卡拉卡尔帕克国立大学。在 2021 年 12 月 15 日更新发布的 2022 年 QS 世界大学排名的 EECA 新兴欧洲和中亚地区模块中，塔什干灌溉与农业机械化工程大学、乌兹别克斯坦国立大学、塔什干国立技术大学和撒马尔罕国立大学分别位列 211 位、251 位、351 位和 401 位。QS 新兴欧洲和中亚地区（QS EECA）模块的排名于 2014 年首次发布。该模块的排名涵盖新兴欧洲和中亚地区前 450 名的大学，评价指标包括在教职工人均论文数、国际研究网络、网络影响力、拥有博士学位的教职员等。

泰晤士高等教育世界大学排名，又称为 THE 世界大学排名，是由英国《泰晤士高等教育》（*THE*）发布的世界大学排名。它是唯一评判研究密集型大学所有核心任务的全球大学排名，评判指标包括：教学（学习环境）、研究（数量、收入和声誉）、引文（研究影响力）、行业收入（知识转移）和国际前景（员工、学生和研究）。THE 世界大学排名凭借 13 个精心校准的绩效指标来提供最全面和均衡的比较，总名单附有 11 个特定学科的排名。此外，《泰晤士高等教育》还发布独立的 THE 世界大学声誉排名、THE 亚洲大学排名、THE 拉丁美洲大学排名等。其中，作为世界大学排名的补充，世界大学声誉排名以联合国数据作为引导，甄选全球范围内在自然科学、社会科学等多领域经验丰富、发表过论文的专家进行问卷调查，根据学校被专家们提及的次数计分，此排名更强调高校的品牌价值，反映各高校在吸引人才、商业投资、科研伙伴等方面的竞争力。泰晤士高等教育世界大学影响力排名是唯一根据联合国可持续发展目标（SDGs）评估大学的全球排行榜。2022 年 4 月更新发布的 THE 世界大学影响力排名中，乌兹别克斯坦有 13 所高校入围，塔什干国立农业大学位列 801 位、塔什干灌溉与农业机械化工程大学、乌兹别克斯坦国立大学、塔什干国立技术大学、塔什干信息技术大学、撒马尔罕国立大学、卡拉卡尔帕克国立大学、塔什干国立师范大学、安集延州立医学研究所、塔什干国立经济大学、都灵理工大学塔什干分校、塔什干国立法律大学、撒马尔罕国立医学研究所、布哈拉国立医学研究所位列 1 001 位。

此外，THE 世界大学影响力排名中又分 17 个可持续发展目标，分别是无贫穷、零饥饿、良好健康与福祉、优质教育、性别平等、清洁饮水和卫生设施、经济适用的新能源、体面工作和经济增长、产业创新和基础设施、减少不平等、可持续城市和社区、负责任消费和生产、气候行动、水下生物、陆地生物、和平正义与强大机构、促进目标实现的伙伴关系，各目标下又分设排名列表，在此不一一赘述。

自然指数是依托全球顶级期刊，统计各高校、科研院所（国家）在国际上最具影响力的研究型学术期刊上发表论文数量的数据库。自然指数以论文计量（Article Count，AC）、分数式计量（Fractional Count，FC）、加权分数式计量（Weighted Fractional Count，WFC）三种计量方法追踪作者的单位信息。自然指数每年发布年度排行榜，显示自然指数期刊一年内的研究成果产出以及发表了高质量研究的主要国家、研究机构和公司。自然指数已发展成为国际公认的，能够衡量机构、国家和地区在自然科学领域的高质量研究产出与合作情况的重要指标，在全球范围内有很大影响力。在 2022 年 6 月 16 日公布的自然指数：顶级学术机构中，来自乌兹别克斯坦的莫斯科国立大学塔什干分校位列 279 名，在乌兹别克斯坦国内排名第一。

SCImago 是全方位考察全球大学科研实力的机构，SCImago 发布期刊文献计量指标（SCImago Journal Rank，SJR）衡量学术期刊的科学影响力，既考虑了期刊的被引用次数，也考虑了这些引文的来源期刊的重要性或声望。而 SCImago 机构排名（SCImago Institutions Rankings，SIR）每年都会依据研究表现（research performance）、创新产出（innovation outputs）、网络可见性衡量的社会影响（societal impact measured by their web visibility）三个科学指标，对全球大学在学术和研究上的表现进行排名，也就是基于科学、经济和社会三方面的特征，衡量一所大学的科研实力和发展前景。在 2023 年更新的 SCImago 机构排名的大学部分中，乌兹别克斯坦的塔什干灌溉与农业机械化工程大学位列 330 名，塔什干国立农业大学位列 3 608 名，塔什干国立技术大学位列 4 101 名，塔什干信息技术大学位列 6 128 名，乌兹别克斯坦国立大学位列 7 364 名。除 SCImago 机构排名外，乌兹别克斯坦国立大学还从众多乌兹别克斯坦高校中脱颖而出，单独上榜了 RUR 世界大学排名和 RUR 声誉排名，并分别位列世界第 754 名和第 594 名。RUR 世界大学排名是一个国际性的世界大学排名系统，它评估大学的 4 个关键领域：教学、研究、国际多样性、财务可持续性。每个领域模块有 5 个指标，通过 20 个独特指标来衡量来自 82 个国家的 1 100 所世界一流大学的绩效。RUR 声誉排名旨在衡量大学的品牌与全球特定机构的影响力，该排名仅通过教学和研究声誉两个指标进行评估。

大学网络测量学排名也是关于大学的排名，它同时使用测距 webometric（所有任务）和文献计量 bibliometric（研究任务）指标。此排名的主要目标是促进对大学产生的知识的开放获取，一个学校的网络内容的数量和质量的提高都会提高其在此排名中的位置。大学网络测量学排名旨在提供高等教育机构的全面科学评估。目前，其对来自 200 多个国家的 31 000 所高等教育机构进行了排名，该排名的最初目的是促进学术网络的产生和发展，支持开放获取计划，以显著增加大学产生的科学和文化知识向整个社会的转移。该排名的创始者认为网络指标能够对大学全球绩效进行正确、全面、深入的评估。21 世纪，网络是大学未来发展的关键，因为它不仅是最重要的学术交流工具，也是校外远程学习的未来渠道与社区参与的开放论坛，以及吸引人才、资金和资源的展示平台。该排名包括可见性（visibility）、卓越性（excellence）、透明度（transparency）、存在感（presence）4 个指标，乌兹别克斯坦共有 18 所高校上榜前 10 000 名（2023 年），包括：塔什干灌溉与农业机械化工程大学（3 624 名）、乌兹别克斯坦国立大学（3 641 名）、塔什干信息技术大学（4 557 名）、塔什干国立技术大学（4 603 名）、卡拉卡尔帕克国立大学（5 021 名）、安集延州立医学研究所（5 522 名）、塔什干国立经济大学（5 749 名）、威斯敏斯特国际大学塔什干分校（5 876 名）、布哈拉工程技术研究所（6 115 名）、吉扎克国立师范大学（6 268 名）、布哈拉国立大学（6 474 名）、塔什干国立农业大学（6 528 名）、塔什干医学院（6 610 名）、撒马尔罕国立大学（6 747 名）、乌尔根奇州立大学（7 031 名）、塔什干国立师范大学（8 800 名）、都灵理工大学塔什干分校（9 090 名）、古利斯坦国立大学（9 558 名）。

以上是于乌兹别克斯坦高校在世界高校排名中的概况，乌兹别克斯坦的高校虽在世界众多高校中尚未跻身前列，但其仍有蓬勃发展的态势。

（二）乌兹别克斯坦知名高校

1. 乌兹别克斯坦国立大学

乌兹别克斯坦国立大学是乌兹别克斯坦乃至中亚领先的高等教育机构。从这所大学走出的科学家和教师为乌兹别克斯坦的科学研究和教育体系的发展做出了巨大的贡献。

乌兹别克斯坦国立大学是一所基础性大学，在创建国家大学教育标准、学习计划模式等方面始终处于领先地位。乌兹别克斯坦国立大学对中亚地区许多新型高等教育机构和研究机构起到带动和辐射作用，该大学与美国、英国、俄罗斯、韩国等国家的著名机构和大学建立有伙伴关系。许多为世界科学发展做出重大贡献的著名科学家都毕业于此。

乌兹别克斯坦国立大学有数学、物理地质学和地理信息系统、地理和自然资源、化学、生物学、社会科学、历史、经济学、外国语言学等 14 个学院，共有 74 个系，同时该校配备了半导体物理与微电子科学研究所、生物物理与生物化学研究所、单技术开发中心、“植物学”学术基地、科学图书馆、文化馆，以及历史、手稿、考古、地质和动物学方面的 5 个博物馆等教育研究设施。其中，动物学博物馆拥有全国最为丰富的科学收藏，这些有利于加强学生在受教育过程中的理论与实践应用的结合，有助于培养出能够为社会多个机构组织、国家发展做出杰出贡献的人才。

事实上也确实如此，乌兹别克斯坦国立大学培养了众多著名的政治家、科学家、作家、教师，一直在为社会做贡献。乌兹别克斯坦国立大学具有巨大的科学潜力，被视为乌兹别克斯坦的基础高等教育机构。在科学领域，乌兹别克斯坦国立大学培育出了许多国家科学院士，还有多名青年科学家和多名天才学生在不同科学领域从事研究工作，他们之中有许多人获得了国家授予的“乌兹别克斯坦英雄”奖。

如今的乌兹别克斯坦国立大学，逐渐开辟了“民族独立思想”“权利与道德基础”“叙事言说文化与叙述演讲”等新的研究领域和分支。先辈独特的科学文化成就与当今高等教育的发展趋势密不可分的认知，也体现了其对国家对科学技术快速进步的广阔需求的响应。

2. 撒马尔罕国立大学

撒马尔罕国立大学是乌兹别克斯坦最古老且规模最大的高等教育机构之一，它作为世界科学文化中心，被公认为发挥着重要的作用。

该校于 1927 年根据政府法令成立，位于乌兹别克斯坦撒马尔罕市，但它历史可以追溯到乌鲁格别克（Ulugbek）时期。在 20 世纪 20 年代，它被称为乌兹别克教育学院，然后在 1930 年更名为乌兹别克国家师范学院。1933 年，乌兹别克教育学院和乌兹别克国立医学研究所合并为乌兹别克国立大学。1941 年，在著名诗人和思想家阿利舍尔・纳沃伊（Alisher Navoi）诞辰 500 周年时，这所大学以他的名字命名。最后，其在 1961 年更名为撒马尔罕国立大学，这个名字一直保留至今。许多著名的民族启蒙者，如阿卜杜拉乌夫・菲拉特（Abdurauf Fitrat）、加齐・奥利姆・尤努索夫（Gazi Olim Yusupov）都曾在撒马尔罕国立大学就读，不仅如此，许多著名作家、诗人、科学家、政治家都毕业于这所大学。

如今，撒马尔罕国立大学以乌兹别克语、俄语、英语进行教学，师生资源雄厚，大学有很多教授，而且有很多学生在攻读学士学位和硕士学位。撒马尔罕国立大学设有数学、物理、数字技术、生物学、化学、法律、人力资源管理、地理和生态学、心理学和社会关系、历史以及艺术史等专业。设施方面，该校配备了学术中心、科学研究实验室、现代化的计算机教室和博物馆，满足学生在科研和学习各方面的需求，促进其提升自身的专业和技能水平。同时，该校鼓励学生在校园内积极参加体育活动，让有条件、有能力的学生定期参加国家级和世界级体育比赛，其中不乏亚运会冠军。

这些年，一些院系从撒马尔罕国立大学中分离出来，成为独立的高等教育机构，如撒马尔罕农业学院、撒马尔罕医学学院、撒马尔罕合作社学院、撒马尔罕教育学院和撒马尔罕外语学院。同时，撒马尔罕国立大学还与世界各地的大学建立了合作关系，开展了各种交流活动，如学术交流、科研合作，并为学生创造出国留学的机会。该校的合作大学包括亚利桑那大学（美国）、佛罗伦萨大学（意大利）和上海大学（中国）等。

3. 塔什干灌溉与农业机械化工程大学

塔什干灌溉与农业机械化工程大学是中亚和乌兹别克斯坦历史最悠久、领先和有前途的高等教育机构之一，成立于 1923 年，位于乌兹别克斯坦首都塔什干。2017 年后，该校确立了当前的名称——塔什干灌溉与农业机械化工程大学。

塔什干灌溉与农业机械化工程大学是地区公认的一流学术和研究机构，以其工程（灌溉、水资源、环境、电气化和自动化、农业机械化）、土地管理和农业经济、管理与经营的顶尖项目而闻名。其还通过教育和研究项目与国际知名的学术和研究机构合作，如与欧盟委员会、美国国际开发署、德国联邦教育与研究部等开展合作。与此同时，该校开发的节水、灌溉和废水处理技术具有很高的专业研究水平。

该校以俄语和乌兹别克语授课，教学广泛采用现代教育手段，融合了信息和通信技术、先进的国际经验以及农业生产发展和现代化的战略任务，开设了包括水资源可持续管理、地理信息系统（GIS）与遥感应用、农业土壤管理等课程。该校现有 7 个系：水质改良、水利工程建设、农业机械化、水利工程机械化、农业与水资源能源供应、土地管理资源、水资源组织管理。该校师资力量雄厚，专业研究水平较高，同时设有本硕课程，学生资源多、来源广，国际化程度较高。自 1923 年成立以来，该校培养了在水利和农业行业的 52 000 多名专家、学者、研究人员甚至是政府机构负责人。

塔什干灌溉与农业机械化工程大学致力于研发创新技术，为国家发展做出贡献，创造农业和水资源管理的优化机器和机制，合理利用并管控自然资源。该校不断为农业和水资源管理领域提供高素质、接受过专业培训的工程技术人员。该校考虑到当下全球气候的变化，创新开发节水灌溉技术、能源和资源节约技术，旨在有效解决现代农业问题，改良现代农业状况，并助力完成机械改良、机械和机制在农业部门的引进和广泛使用等国家战略任务。

4. 塔什干国立技术大学

塔什干国立技术大学，位于塔什干市，是乌兹别克斯坦历史悠久的大学之一。塔什干国立技术大学成立于 1918 年 4 月 21 日。最初，该大学是作为“土耳其斯坦国立大学”的一个小型技术学院创建的，旨在为整个中亚服务。这所小型技术学院在其历史上发生了许多变化，但它是当前塔什干国立技术大学的基础。塔什干国立技术大学是乌兹别克斯坦 16 所大学和学院的摇篮。

塔什干国立技术大学拥有现代化的教学楼、教育和科学实验室、强大的实验基地，以及大学预科培训和研究生教育网络。该校竭力为学生尽可能营造一个创新的教育环境，使他们可以使用专门的图书馆和计算机设施，包括使用服务器计算机，以及大学、企业和该国其他实体提供的大学科技园、企业孵化器和创业种子资本。该校有 8 个学院、60 个系，专门研究工程领域，包括：热能工程、石油和天然气、电子和自动化、地质勘探和采矿冶金、工程技术、机械制造、机械和动力工程等。目前，这些学科在乌兹别克斯坦全国学科排名中名列前茅。此外，该校还提供人文科学、管理、经济等领域的课程，包括：公司治理、生物技术、普通化学、信息技术、英语、数学和陆地运输系统等。学生也可以选择与俄罗斯联邦和白俄罗斯共和国合作开设的联合学位课程。

塔什干国立技术大学的国际化程度也较高，该校设有国际招生期，一般在当前学年的夏季，国际申请者只有在该校的专门网站上注册并提前通过外语测试，才能成功申请。国际学生和乌兹别克斯坦本国学生的申请程序大致相同，而该校接收的国际学生来自众多不同的国家。塔什干国立技术大学还参加了“Erasmus+”。2014 年 1 月应用于欧盟现在所有教育、训练及青年体育领域的交换计划 Erasmus+ 正式建立。该项目几乎涵盖了理学类、工学类、人文社会科学类、管理学类、农学类、医学类、艺术类等下设的所有专业，为学生提供了国际交流的机会。截至 2023 年，该校还与 15 个国家的 70 多所大学签署了协议，与包括德国、澳大利亚、中国、英国、波兰、日本和瑞士等国家的多个研究中心建立了密切的科研联系。塔什干国立技术大学的多项研究工作是在国际竞争性项目 INTAS 、TACIS 、TEMPUS -TACIS 等框架内开展的。INTAS 全称为 International Association for the Promotion of Cooperation with Scientists from the Independent States of the Former Soviet Union，可译为“国际促进与前苏联独立国家科学家合作协会”项目；TACIS 全称为 Technical Assistance to the Commonwealth of Independent States，可译为“对独立国家联合体的技术援助”项目；TEMPUS 全称为 Trans-European Mobility Programme for University Studies，可译为“欧洲大学教育跨国流动项目”。

塔什干国立技术大学在乌兹别克斯坦颇受欢迎，数十名院士、国家级奖项获得者，数百名发明家、教授和博士均毕业于该大学。迄今为止，已有 19 名技术科学院士毕业于塔什干国立技术大学。该校始终坚持着自身的章程和目标：立足于满足社会对技术领域合格专家的需求；培养和教育具有必要专业能力的受过良好教育的人；发展世界高标准的科研机构；培训合格、称职和具有民主意识的专家。塔什干国立技术大学的发展战略得到了乌兹别克斯坦政府和代表的高度认可。

5. 塔什干医学院

塔什干医学院被誉为“乌兹别克斯坦共和国领先的医疗机构之一”。该大学的前身是土耳其斯坦国立大学医学院，于 1919 年在塔什干成立，提供基础医学、药理学和卫生学方面的教育。1931 年，土耳其斯坦国立大学医学院独立为塔什干国立医科大学。1990 年，它被拆分成两所医科大学。乌兹别克斯坦总统于 2005 年 7 月 20 日签署了《关于成立塔什干医学院的命令》。塔什干医学院是在拆分后的两所医科大学基础上建立的。在此之后，塔什干医学院成为乌兹别克斯坦的主要医学教学机构。该医学院保留了两所医科大学原有的 5 个系：临床医学系、医学教育系、口腔学系、预防系与护理学系。2008 年，乌兹别克斯坦共和国的国家考试中心授予塔什干医学院高等教育机构的地位。

虽然塔什干医学院的总部设在乌兹别克首都塔什干，但它在乌尔根奇（自 1992 年起）、费尔干纳（自 1998 年起）和泰尔梅兹（自 2018 年起）设有校区。泰尔梅兹分校的主要任务之一是培训符合现代要求和发展先进医学技术的医务人员。普通医学、医学教育学、预防医学、医学生物学和护理等系的课程用乌兹别克语或俄语教授。该校有 5 个本科系，分别是普通医学系、医学教育学系、预防医学系、护理系和医学生物学系，这些院系向学生提供本硕课程，其中包括 2012 年推出的军事医学课程等可供学生专攻的课程，还为学生配备了专业的辅导研究生的住院医师。

塔尔干医学院还与国际上许多学校、机构保持合作伙伴关系，包括德国的洪堡大学和美国的俄克拉何马大学。2019 年，塔尔干医学院还与总部位于亚特兰大的美国疾病控制中心

(US Centre for Disease Control)达成协议,配合该中心的工作人员合作开发一门关于医学科学国际研究和伦理原则的课程。

如今,塔尔干医学院传承着医学传统,配备先进的医学教育设施,是一所创新的现代化医学院。学院的工作重点包括:培养高素质的医务人员,以便改善医疗服务质量、优化保健系统结构;明确有前途的医务人员培训领域;在学生的培养中强化预防意识,同时考虑到环境变化;协调和有效管理国家的医科大学,担负起培训医务人员以及在医学、医疗保健和倡导健康生活方式领域进行科学研究的责任。

6. 塔什干国立东方大学

塔什干国立东方大学位于乌兹别克斯坦首都塔什干市。根据 1991 年乌兹别克斯坦共和国第 186 号内阁决议和教育部高等和中等职业教育委员会的决定,塔什干国立东方大学在塔什干国立大学东方系的基础上成立。塔什干国立东方大学与成立于 1918 年的土耳其斯坦东方研究学院有渊源。1918 年,安德列耶夫(M. S. Andreev)、巴托尔德(V. V. Bartold)、施米德特(A. E. Schmidt)、马洛夫(S. E. Malov)、法廖夫(P. A. Falev)等多位科学家在塔什干成立了土耳其斯坦东方研究学院,由安德列耶夫担任院长。该学院开展针对东方语言和文学、国情学、民族志学的研究,吸纳众多大师级东方学家、语言学家、历史学家来此授课,并培养出了许多东方研究领域的人才,出版了《东方》杂志。

塔什干国立东方大学设有东方语言学系、汉学系、韩学系、历史与哲学系、外国经济与政治学系,每个系下设相关教研室,如阿拉伯语言学教研室、汉语文学教研室、韩国历史与文化教研室、外国历史教研室、世界政治与国际关系教研室等。该大学提供各种学科领域的本科和研究生课程,包括历史、新闻和翻译理论等,课程成熟且种类丰富。在大学学习期间,学生们须至少学习一门亚洲语言和一门西方语言。

塔什干国立东方大学在国际合作方面的表现较为活跃,国际化办学程度较高。目前,塔什干国立东方大学与世界上许多国家(中国、日本、韩国、德国、英国等)的知名大学和政府组织有着密切合作。塔什干国立东方大学借助世界顶尖大学的教育技术以及最新的教育、评估、管理方法,吸引各国专家来学校开展教学,建立更加专业的学科体系;积极与其他国家的优秀教师交流与互动,向外派遣实习、科研教师,同时邀请他国知名教师来校举办国际性的研讨会和科学对话活动。在国外大学教师的参与下,该校引进外语和其他专业的高级课程模式,促进校内课程建设发展,并与国际范围内高校教师联合制订教育项目计划,创建以东方语言和英语为主的硕士课程,并与世界其他顶尖大学联合实施校际文凭课程。目前,有来自 9 个国家的多名外国留学生、实习生和研究人员在塔什干国立东方大学就读和交流。

值得一提的是,塔什干国立东方大学和中国兰州大学于 2005 年合作开办了塔什干孔子学院,这是乌兹别克斯坦共和国开办的第一所孔子学院,也是中国在中亚国家开办的第一所孔子学院。2008 年以来,该校开辟了新的汉学专业方向。2014 年,为进一步发展汉学,乌兹别克斯坦发布了关于在塔什干国立东方大学开设汉学系的“PP-2228”号决议，制定了完全符合新的国家标准的学科项目和课程。同时，塔什干国立东方大学汉学系每年都会举办“汉学研究”学术研讨会。可以说，塔什干国立东方大学在促进乌兹别克斯坦的中文教学发展以及汉语在中亚传播中发挥了举足轻重的作用。

第四节 乌兹别克斯坦中文教育发展概况

一、中文教育发展历程

乌兹别克斯坦是最早将中文教学纳入外语教学体系的中亚国家，塔什干第59中学和当时的塔什干外国语学院于1957年便先后正式开始中文教学，至今已有60多年的中文教学历史，中亚地区的第一所孔子学院就是在乌兹别克斯坦的塔什干创立的。

1991年以后，乌兹别克斯坦为了满足国家经济发展的需要，对教育方针政策做出了调整，支持外语教育多元化，这也为中文教育在乌兹别克斯坦的发展创造了政策环境。

在乌兹别克斯坦，中文教育的主要阵地为塔什干国立东方大学、乌兹别克斯坦国立世界语言大学、乌兹别克斯坦世界经济外交大学。其中，塔什干国立东方大学中文教学研究的历史最为悠久。1918年，多位科学家在塔什干成立了土耳其斯坦东方研究学院，该学院的成立在当时的科学和教育领域引起了重大反响，开创了培养东方学科领域专家的先河，专门针对东方语言和文学、国情学、民族志学等开展研究。经历了几次改制、重组，该学院的科研力量和知识基不断壮大，从而独立发展为如今的塔什干国立东方大学。其最早开设中文课程，该学院的远东与南亚研究系下设28个语言专业，汉语专业规模最大。塔什干国立东方大学在1957年开设了汉语人文学教程专业，1997年设汉语、中国文学及历史课，并建立了第一个中国文学教研室，是乌兹别克斯坦唯一把中文作为专业开展教学的院校。时至如今，塔什干国立东方大学在东方语言和文学、文学历史、政治经济方面的研究仍然在乌兹别克斯坦处于领先地位，其中文底蕴和中文影响力在中亚地区是首屈一指的，为乌兹别克斯坦培养了众多东方语言学家、文学家等，也为中文教育的发展做出了很大的贡献，促进了中乌双方的友好交流。

二、中文教育现状

进入20世纪以来，乌兹别克斯坦与中国的交往在政治经济以及语言文化方面日益密切。随着中国综合国力的日益提升，汉语热、东方文化热在全球范围内的流行，乌兹别克斯坦国内学习中文的人逐渐增多，乌兹别克斯坦人民渴望了解中国文化的程度日益加深，学习中文的热情日益高涨。乌兹别克斯坦自身经济发展和与中方合作的需求，都促进了中文教育在乌兹别克斯坦的发展。

目前,乌兹别克斯坦共和国开展中文教育的机构除了两所孔子学院,主要有塔什干国立东方大学、乌兹别克斯坦国立世界语言大学、乌兹别克斯坦世界经济外交大学、撒马尔罕国立外国语学院4所国立大学。开设中文课程的还有塔什干国家东方大学尤努萨巴德(Yunusabad)附属中学、东方大学阿尔马扎尔(Almazar)附属中学、塔什干尼扎米国立师范大学附属中学、乌兹别克斯坦塔什干第59中学等中学。此外,还有中国教育与科学研究中心、塔什干中华文化中心等培训机构,以及中华民族文化中心和东干文化中心两个汉语中心。乌兹别克斯坦国内的中文教育体系,在中高等教育以及非学历教育的机构中都逐渐得到了完善。

塔什干国立东方大学有着悠久的中文教育传统。乌兹别克斯坦国立世界语言大学提供23种外语课程,是乌兹别克斯坦最强的外语学校之一。建校至今,学校先后在英语系、新闻系和翻译系开设了汉语课程。2008年5月,乌兹别克斯坦国立世界语言大学成立了中文系;2010年4月1日,成立了汉语教研室,首次开设了汉语言专业。

乌兹别克斯坦世界经济外交大学于2006年开设中文课程,中国国家汉办提供了中文教师,并赠送了语音教学设备和相关的教学资料等,协助其更好地开展中文教育。

1993年,中国国家教育委员会与乌兹别克斯坦高等与中等专业教育部签署了《关于相互承认中华人民共和国和乌兹别克斯坦共和国高等院校及其科研机构》等一系列双边文件,旨在促进留学生交换,为学生提高汉语水平提供条件。2004年6月5日,双方签署了在塔什干建立孔子学院的协议,这也标志着乌兹别克斯坦乃至中亚第一所孔子学院即将诞生,这为中乌两国在教育领域的合作搭建了一个良好的平台,也为两国在未来更深层次的合作搭建了基础平台。2005年,在中国兰州大学和乌兹别克斯坦塔什干国立东方大学的合作下,塔什干孔子学院正式成立。中国国家汉办还向乌兹别克斯坦提供了大量中文教材、中文教学设备,为孔子学院的整体建设提供帮助。时至如今,塔什干孔子学院在基础设施和教学规模上都有了很大程度的发展,中文教学的教材和设施设备得到优化,学生数量也有所增加,中国与乌兹别克斯坦开展了中文教学工作的高校、中学和机构保持着交流合作关系。无论是在教师培训还是在开展相关中文活动等其他教学相关活动方面,塔什干孔子学院的表现都十分优秀,在中亚地区甚至所有孔子学院中都不逊色。2014年11月27日,由中国上海外国语大学与乌兹别克斯坦撒马尔罕国立外国语学院合作共建的撒马尔罕国立外国语学院孔子学院正式成立,这是中国在乌兹别克斯坦设立的第二所孔子学院。2019年3月,西北大学和泰尔梅兹大学签署了建立泰尔梅兹大学孔子学院的协议。

2013年习近平总书记提出共建"一带一路"倡议后,中国和乌兹别克斯坦两国之间的来往更加密切。作为一种新型合作方式,其目标是实现中方与共建国家的互利共赢,在经济合作带动发展的同时,加强经济文化交流,巩固与共建国家之间的友谊。乌兹别克斯坦在与中国开展经济合作的过程中，为自身带来了更多的就业机会，并获得了接触中国文化的契机，乌兹别克斯坦人民对中文以及中华文化的热情显著提高，这都为中文教育在乌兹别克斯坦的发展创造了良好的环境，展现出加强中文教育的可行性以及现实需要。

为更深入地了解乌兹别克斯坦当前的中文教育情况、学生的出国留学与来华留学情况，我们开展了问卷调查（2022 年），共发放问卷 47 份，获得有效问卷 42 份，调查对象为乌兹别克斯坦籍具有一定中文能力的人，主要群体为留学生。问卷分为 3 个部分，共 25 道题目，第一部分为乌兹别克斯坦中文教育开展情况，针对乌兹别克斯坦的中文教育开展情况设置了 10 道题目。根据问题回答情况，我们对乌兹别克斯坦的中文教育开展情况进行了分析。根据问卷调查结果可知，在乌兹别克斯坦学习中文的人数较为可观，首先是在培训机构包括孔子学院以及文化中心学习，比例为 57.14%；其次是在校内学习；还有一部分是自学；综合采用 3 种学习方式的中文学习者同样存在。在涉及中文教育的国家教育体系和政策方面，乌兹别克斯坦表达了对开展中文教育的支持态度，但是在涉及国家有无将中文纳入普通学校课程体系，以及作为中、高考必考科目的问题上，问卷调查所提供的参考价值有限，具体如图 3-5、图 3-6 和图 3-7 所示。

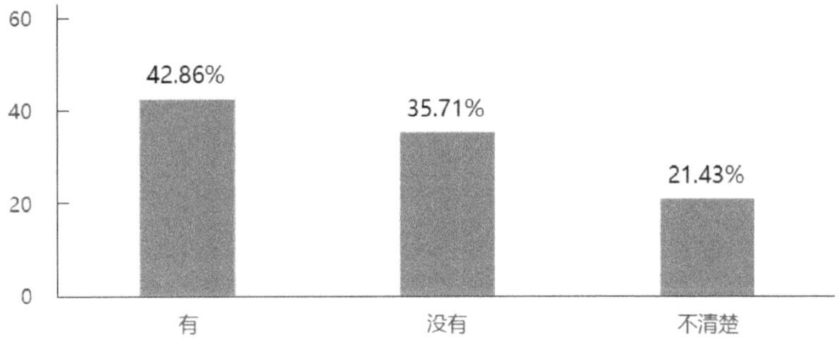

图 3-5　“您国家有没有把中文纳入普通学校课程体系”调查结果

关于乌兹别克斯坦是否将中文纳入普通学校课程体系，“有”与“没有”的答案比例不相上下，而关于中文是否为中、高考必考科目，虽然否定答案占 50.00%，但“不清楚”与“是”的答案的比例仍然不小。

乌兹别克斯坦的中文培训机构的数量为 15~30 所，但有同样比例的数据指向培训机构少于 10 所，关于这个问题的数据较为分散，对其进行分析还要考虑答题者自身对此社会现实的关注程度以及对培训机构的定义和培训机构的知名度的问题，但大体可知乌兹别克斯坦的中文培训机构仍有发展空间。对于乌兹别克斯坦的中文教育开展机构，根据图 3-8 可知：乌兹别克斯坦的中文教育主要集中在孔子学院以及中、高等教育机构中，其他类中提到了“幼儿园”，但对比之下，在学前教育、初等教育中，中文课程开设较少，专门的华文学校相对较少。

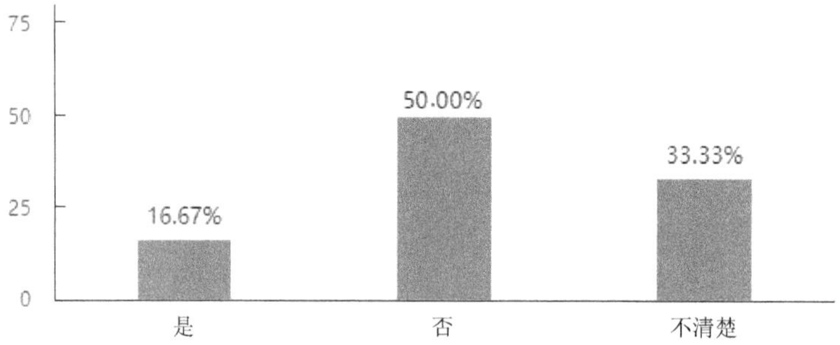

图 3-6 “您国家是否把中文作为中考必考科目”调查结果

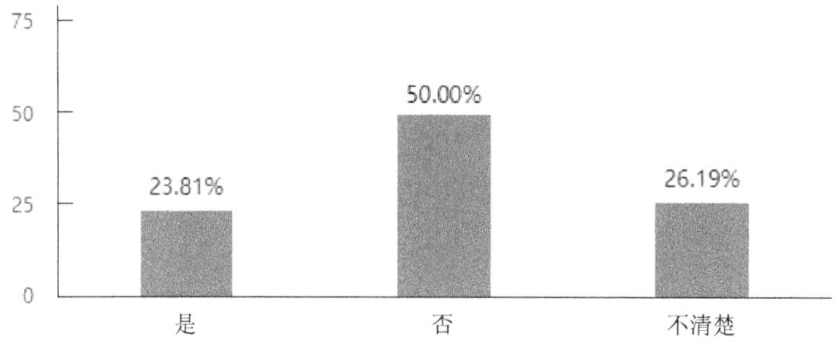

图 3-7 “您国家是否把中文作为高考必考科目”调查结果

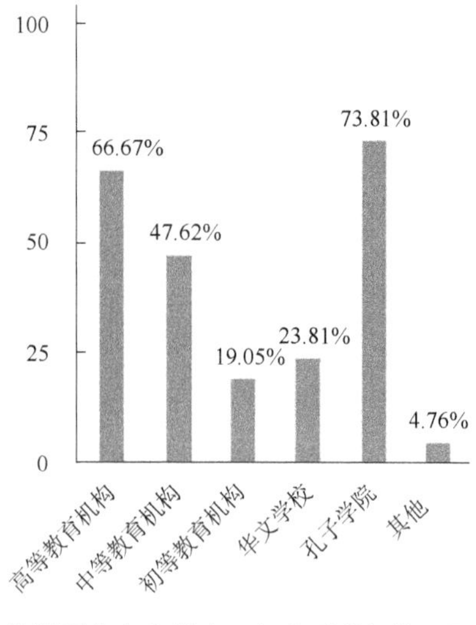

图 3-8 “在您的国家中文教育一般在哪些机构开展”调查结果

而对于乌兹别克斯坦人民学习中文的动机，问卷中“您周围人学习中文的动机”问题的回答显示，该国人民学习中文的目的主要集中在就业需求、个人兴趣以及学业上，如图 3-9 所示。对中文以及相关文化的学习，乌兹别克斯坦人也广泛认识到其重要性和意义，这在满足乌兹别克斯坦学生学业、就业需求的同时，也会促进中乌两国的友好合作交流。

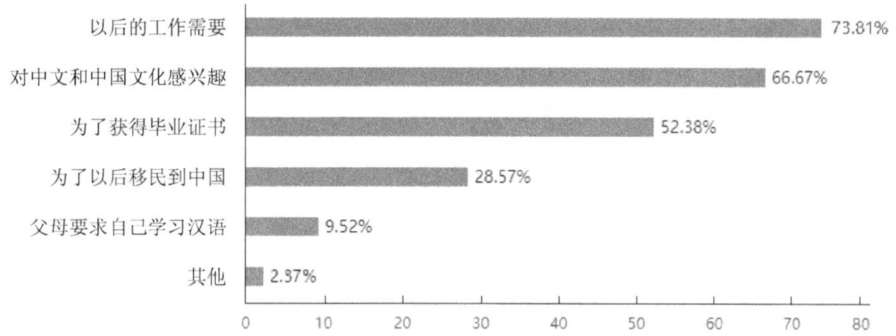

图 3-9 “您周围人学习中文的动机”调查结果

三、中文教育面临的问题

乌兹别克斯坦的中文教育目前虽处于向上发展阶段，但仍存在许多问题。问卷调查结果显示，乌兹别克斯坦中文教育在微观层面存在一些问题。首先，中文学习者主要在孔子学院等培训机构进行学习，孔子学院在中文教育普及方面发挥着最广泛的作用。其次，关于教育体系内的教学，乌兹别克斯坦的中文教育工作主要在中高等教育体系内，但是相关政策以及中文课程在中高等教育体系内的受众有一定的局限性，当然这同时也要考虑到问卷调查对象群体的特点。再次，关于乌兹别克斯坦国内的中文教育机构数量，问卷调查的结果数据较为分散（图 3-10），这也从侧面提示我们需要考虑中文培训机构的宣传以及分布问题。最后，调查对象对开展中文教育对促进国人就业的认知不够深刻，这就涉及乌兹别克斯坦国内中文学习者的深造及未来就业空间的营造与拓展，甚至新兴中文人才需求尚未在中文学习者中被广泛认知。

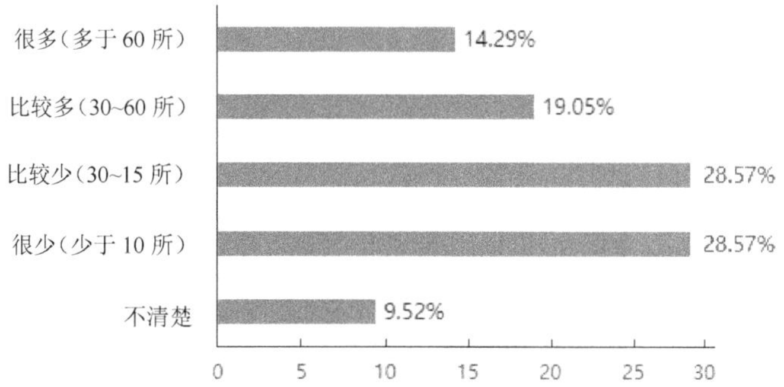

图 3-10 “您觉得在您所在国家的中文教育机构数量有多少”调查结果

以上是对面向乌兹别克斯坦中文学习者的调查问卷——第一部分中文教育开展情况的数据结果的分析叙述。当然，乌兹别克斯坦中文教育从宏观来讲还涉及师资队伍、学习机构、本土教材、学习者本身以及政策意识等方面的问题。

首先是师资队伍的问题。一方面,外籍教师和本土教师都比较少,中高等教育的中文教师资源匮乏,教师的授课任务重,进而挤占了他们提升自身修养和参与教师培训的时间。同时,当地中文教师的薪资不高,本土教师生活负担重,工作繁忙且积极性不高,这也降低了对外籍中文教师吸引力低,不利于中文教师资源的引进。另一方面,中文教师的教学水平有待提高,本土教师大多是当地中文系毕业生,且大多本土中文教师对中国文化和语言环境的了解不深。此外,本土中文教师的中文读写能力较弱,容易忽视对学生这方面能力的培养,在涉及中国语言文化背景时,往往难以做出准确的解释。

教学中另一个很重要的因素就是教材,中国向乌兹别克斯坦提供教材和教学设施方面的援助,但中国出版的对外汉语教材,大多立足于中国教学实情或者对国家地区的综合考虑,并没有针对性较强的国别化教材,乌兹别克斯坦的中文教材数量有限,价格偏高,本地化的中文教材数量更是极少,很多教材在编制时,忽视了乌兹别克斯坦国内的实际教学情况以及文化环境,难以激发学生的学习兴趣,影响了实际教学效果。同时,乌兹别克斯坦中文教材缺乏教学实用性也会在语言注释上体现出来,乌兹别克斯坦人在大多情况下使用乌兹别克语,俄语的使用频率虽然不低,但显然并不能满足乌兹别克斯坦中文学习者的实际学习需求。此外,有些教材的内容并不能跟上中国社会时代发展的状况;同时,很多教材具有较深的文化知识内涵,对于学生甚至教师来说都较为难懂,并且相关的中国地区文化并不一定与乌兹别克斯坦文化相适应,并不利于跨文化学习。

而对于学习者本身,汉字是最难攻克的学习关卡,再加上学习者对中文的学习是出于自身的学习兴趣、就业以及学业需求,相比之下听说能力貌似更为重要。一方面,在中等教育中,许多年纪较小的中文学习者并没有明确的中文学习动机,且一些中文课程开设较晚,并不符合学习者自身的语言学习规律。另一方面,乌兹别克斯坦国内给中文学习者的未来发展方向的选择空间仍有开拓余地,学业上的中文深造空间以及就业上的择业空间等相关政策保障有待发掘完善。

对于当地开展中文教育的学校和机构。首先,相对于乌兹别克斯坦的州市数量来说,乌兹别克斯坦中文教学机构数量较少,且较集中在塔什干、撒马尔罕及其周边地区,能够接触中文教育的国民数量有限。其次,中文教育机构应该做好发展规划以及宣传工作,增强自身的民众认知度。值得一提的是,关于中文课程在各高校的教学体系,以及中文本身在乌兹别克斯坦的教育体系的位置以及相关政策,在群众中的了解程度并不高,相关改革和政策普及度较低。再次,开设了中文课程的学校、机构都应该注重教师培训的问题,在举办中文相关活动(如“汉语桥”)的同时,也不能忽略中华文化活动的开展。语言与文化作为不可分割的两部分是不能割裂开来分别学习的,文化知识的学习在教师与学生两个主体中都应被重视。

第五节　乌兹别克斯坦学生出国留学情况

针对乌兹别克斯坦学生的问卷调查的第二部分为“乌兹别克斯坦留学生意愿调查”，这一部分共设有与留学相关的问题 8 道，获得有效问卷 42 份。该部分与第三部分“乌兹别克斯坦学生来华留学意愿”相配合，可对乌兹别克斯坦当前的学生留学情况以及来华留学情况做出分析。

关于“身边出国留学的家人和朋友的数量”，调查对象回答“6 个以上”的比例达 45.24%，同时关于乌兹别克斯坦“国家留学人员多少”，选择“很多”和“一般”的总和占 83.34%。据此可知，乌兹别克斯坦学生出国留学的现象较为普遍，出国留学的人数较多。进一步分析乌兹别克斯坦学生出国留学的主要类型（图 3-11），因“项目交流合作”而获得留学机会的比例为 40.48%，公派生占 33.33%，交换生占 23.81%。在其他选项中，还提到了本题选项中未设置的“出国上大学”即自费留学的情况。综合来看，针对出国留学主要类型所设置的 3 个选项的占比相对均衡。据此可知，乌兹别克斯坦学生留学的渠道与种类较为多样，学生可以通过多种方式获得出国留学的机会，存在自费出国留学的情况。

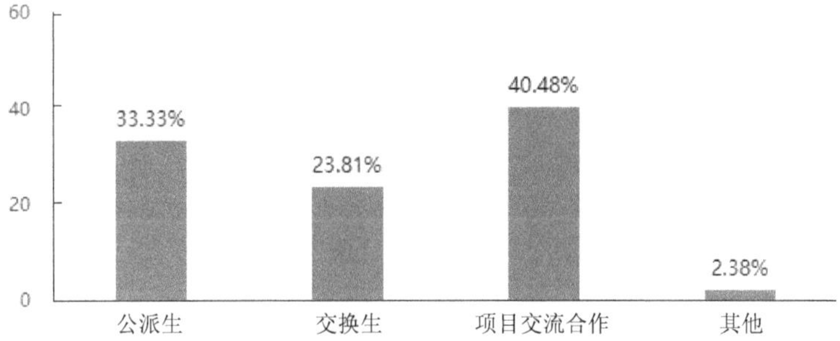

图 3-11　出国留学主要类型调查结果

乌兹别克斯坦留学生留学资金的主要来源情况，如图 3-12 所示。

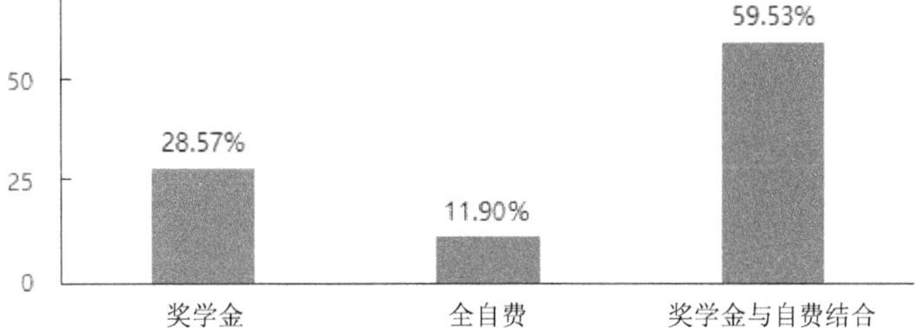

图 3-12　出国留学资金主要来源调查结果

乌兹别克斯坦国家政府在政策上对学生出国留学支持情况的调查结果,如图 3-13 所示。

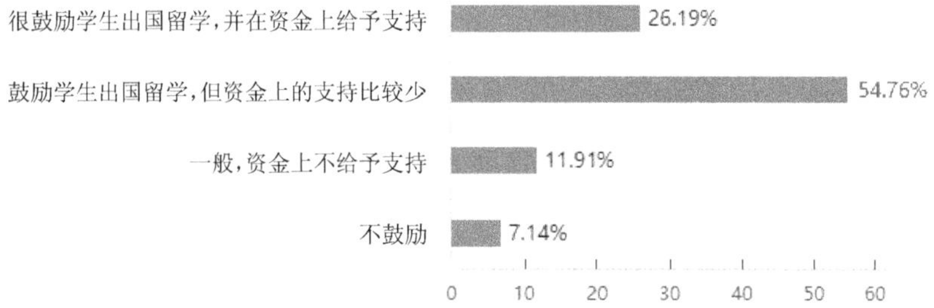

图 3-13 政府在政策上对出国留学支持情况调查结果

如图 3-12 所示,乌兹别克斯坦学生出国留学的资金主要还是奖学金与自费结合,占比为 59.53%,“奖学金”的占比为 28.57%,“全自费”的占比为 11.90%。可见,在分析占少数的全自费出国留学者和以奖学金为主要来源的出国留学者做出的留学决策时,要考虑他们的学习情况以及获得奖学金资助资格情况。根据以上数据可知,乌兹别克斯坦对学生出国留学是提供一定的资金支持的。

但同时,“奖学金与自费结合”与“奖学金”两个选项的比例相差大约 30 个百分点,据此可知获得奖学金的大多数留学生并不能完全依靠此项资金完成留学。这与政府对出国留学的鼓励情况的调查结果大致吻合,共计 80.95% 的人认为乌兹别克斯坦政府鼓励(很鼓励、鼓励)学生出国留学,并会给予一定的资金支持,但是其中有 54.76% 的人表示政府在资金上的支持力度并不是很大;此外,甚至有 11.91% 的人认为政府并没有给予资金支持,这与“全自费”情况相似,可能受到其他因素的影响。政府会对留学生提供一定的资金支持,但是力度不够大,这也印证了乌兹别克斯坦学生出国留学的资金来源一般是奖学金与自费相结合的结论。

最后,从乌兹别克斯坦出国留学人员主体角度对乌兹别克斯坦的出国留学相关情况进行调查,其中包括出国留学的主要原因、出国留学时的考虑因素以及留学目的国。

在出国留学主要原因的调查中,共设置了“为了更好地了解其他国家政治经济文化”“为了给自己争取更多的发展机会”“留学目的国教育水平比自己国家好”“父母的要求”“为了学习留学目的国的语言”“国内社会环境很认可国外的学历”“国外吸引人才的政策”“国家人才的稀缺”“为了移民”“其他”共 10 个选项。如图 3-14 所示,乌兹别克斯坦学生出国留学的主要原因依次为“为了给自己争取更多的发展机会”(50.00%)、“留学目的国教育水平比自己国家好”(21.43%)、“为了学习留学目的国的语言”(11.91%)、“为了更好地了解其他国家政治经济文化”(7.14%)、“国内社会环境很认可国外的学历”(4.76%)、“国家人才的稀缺”(2.38%)、“为了移民”(2.38%)。其中“国外吸引人才的政策”“父母的要求”“其他” 选项占比均为零。结合有数据的 7 个选项，大致可以从几个方面了解乌兹别克斯坦学生出国留学原因的相关情况。首先，学生的留学选择更加注重自身的意愿，父母强制要求留学的情况并不多。其次，学生更加偏向于以下方向：自身兴趣与提升自身修为，如“为了学习留学目的国的语言”“为了更好地了解其他国家政治经济文化”；自身未来的发展规划，如“为了给自己争取更多的发展机会”“为了移民”；潜在的发展优势条件，如“留学目的国教育水平比自己国家好”“国家人才的稀缺”。以上方向均说明学生是从自身出发做出留学决策的。另外，在出国留学的主要考虑因素上，大部分学生会结合国内情况，根据自身未来的学业和就业预期来选择是否留学。这样学生则更倾向于回国发展，故而“留学目的国的吸引人才政策”这种相对短期的留学考虑因素则会受到更多其他因素的挤压，导致该选项的占比为零，但这并不代表它一定不在考虑之列，只是它可能不是为学生选择出国留学的主要原因。

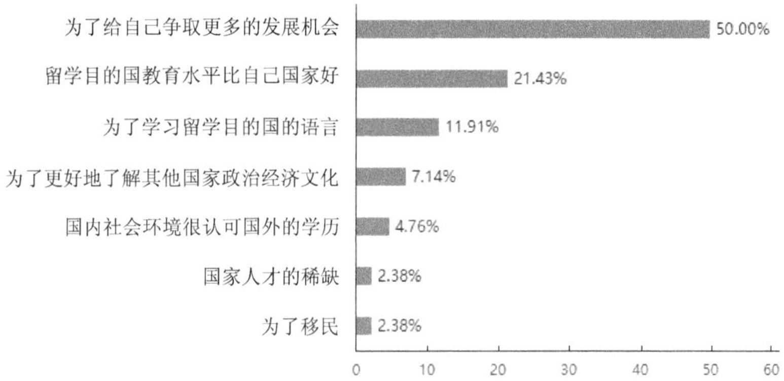

图 3-14　出国留学的主要原因调查结果

如图 3-15 所示，对于出国留学时主要考虑因素（多选题），“留学目的国的经济政治文化发展程度”（61.90%）、“留学目的国的教育水平”（59.52%）、“留学目的国对自己职业发展的影响”（59.52%）、“留学目的国的奖学金政策”（50.00%）、“国内社会对留学目的国学历的认可程度”（42.86%），各选项的比例分布较为均匀，可见这 5 项都是学生出国留学时的重点考虑因素，同时也是许多学生选择出国留学的原因，两者是相互关联的。一般来说，发达国家教育水平较高，相比之下乌兹别克斯坦作为一个发展中国家教育水平偏低，选择去教育水平较高的国家留学，回国之后自身的素养对自身未来的职业发展会更有帮助，属于潜在发展的优势条件。“留学目的国对自己职业发展的影响”“国内社会对留学目的国学历的认可程度”则是更为实际的考虑因素，更加直接地影响学生的未来发展。这里有所不同的是，出国留学的主要原因是他国与本国的对比，而考虑因素则在与本国的对比上，更多涉及除本国外其他国家之间的对比。“留学目的国的奖学金政策”与没有人选择的“留学目的国的人才吸引政策”类似，但是在出国留学考虑因素中存在一个基础的假设即“留学”，这里的考虑则偏向于择优性，且留学目的国的奖学金还会涉及学生在留学目的国的生活状况，即上述在“出国留学资金主要来源”中提到的“奖学金与自费结合”的资金来源方式，与此是相互关联的。

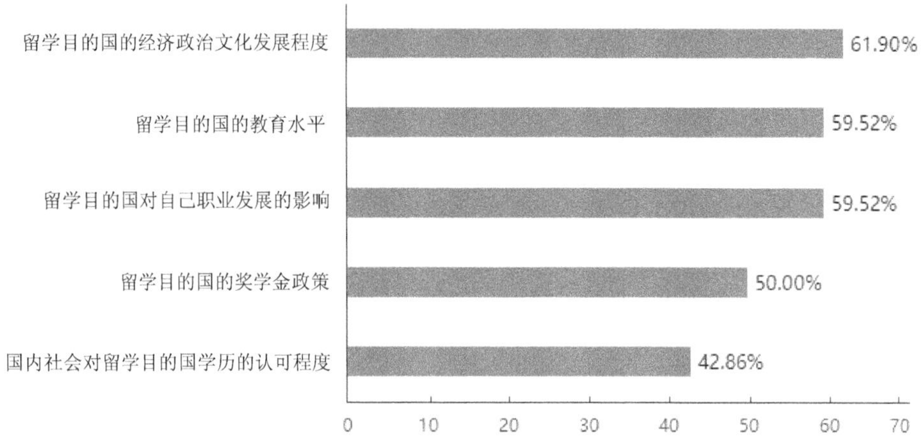

图 3-15　出国留学时主要考虑因素调查结果

最后，该问卷对乌兹别克斯坦学生的出国留学目的国（多选题）进行了调查，结果如图 3-16 所示。排名前十的依次为：中国（69.05%）、韩国（57.14%）、美国（54.76%）、英国（50.00%）、德国（47.62%）、俄罗斯（45.24%）、加拿大（40.48%）、日本（40.48%）、瑞士（19.05%）。

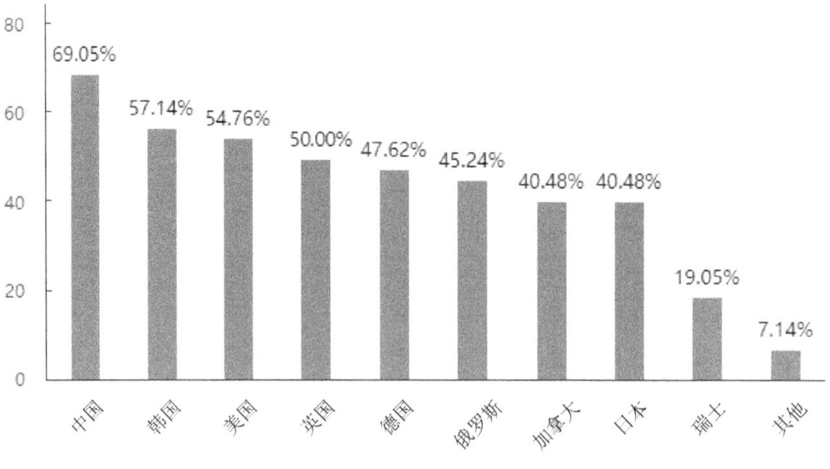

图 3-16　留学目的国调查结果

在调查对象中，有 7.14% 的人选择了“其他”，写出了“土耳其”“波兰”等，这涉及个人喜好，且在具体选项中已经涉及了欧洲国家，故对此不做着重分析。而美国、英国、德国、俄罗斯、加拿大和日本都是如今在国际上经济较为发达、教育较为先进的国家，相比之下选择瑞士的占比较小。其中，中国与韩国分列留学目的国的第一位与第二位。中国与中亚地区相邻，中国与乌兹别克斯坦一直保持着友好合作关系，提供了经济教育等资源方面的众多援助，同时中国积极助力乌兹别克斯坦中文教育事业的发展。韩国与乌兹别克斯坦也一直保持着良好的经济合作关系。这可能是中韩两个国家在乌兹别克斯坦学生选择留学目的国时较受青睐的背景原因。

第六节　乌兹别克斯坦学生来华留学情况

第三部分的问卷设置了 7 个问题，对乌兹别克斯坦学生来华留学意愿进行调查，并结合问卷的前两部分，从整体出发，分析乌兹别克斯坦学生的来华留学意愿。

首先可以明确的是，乌兹别克斯学生中有一定数量的人具有来华留学的意愿，根据对调查对象身边家人和朋友来华留学意愿的调查，85.71% 的调查对象身边都有具有来华留学意愿的个体，其中“6 个以上”的比例高达 33.33%。

对于来华留学意愿的调查，可以从主客观两个角度进行分析。在主观层面，设置两个问题，“是否认为到中国留学在您的国家有吸引力？”“您的国家人民对于来华留学的态度如何？”，调查结果分别如图 3-17 和图 3-18 所示。结果显示，认为到中国留学具有吸引力（包括很有吸引力和比较有吸引力）的共计 71.42%，占绝对优势，可见中国对于乌兹别克斯坦学生来说是具有较高的留学吸引力的。

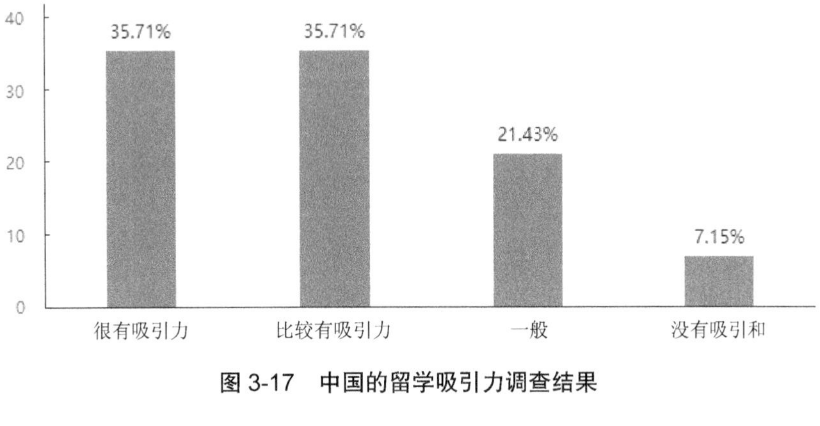

图 3-17　中国的留学吸引力调查结果

如果说留学吸引力为初始阶段选择留学的动因，那么来华留学是否有前途则是在进行阶段是否能够推动学生来华留学的重要因素。当一个国家具备在国际上吸引生源的吸引力时，这个国家就会被列入留学的备选名单，即进入初始阶段。在这一阶段，通常会有很多国家被列入备选名单，而在具体选择留学目的国时，即进入进行阶段时，到某国留学会对自己未来发展有益则是重要考虑因素（“对未来发展有益”可以具体细化到多个方面，后文再具体分析）。在这一阶段，则需要调查乌兹别克斯坦学生对来华留学的态度，如图 3-18 所示。选择中性选项的学生可能会受多方面因素的影响，暂不考虑，但“认为来华留学很有前途”的占比高达 61.91%，而“认为来华留学没有用”的占比为 9.52%，显然乌兹别克斯坦学生群体对来华留学是很看好的。

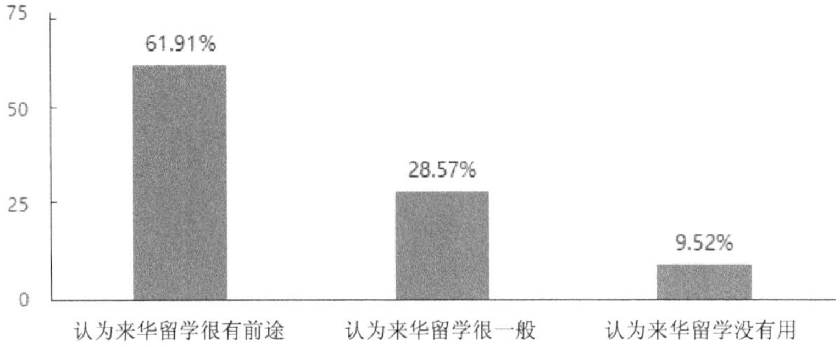

图 3-18 来华留学态度调查结果

在客观方面，我们调查了乌兹别克斯坦国内的留学相关政策对来华留学的影响，设置了“国家政府在政策上鼓励学生去中国留学吗？”“国家对中国学历的认可程度怎么样？”两个问题。

首先，在来华留学的国家政策上，同第二部分的问卷调查结果相似，如图 3-19 所示，“鼓励学生去中国留学，但资金上的支持比较少”的占比为 54.76%。虽然乌兹别克斯坦在政策上是鼓励学生去中国留学的，但是资金的支持不够多，由此可见乌兹别克斯坦对学生去中国留学并无特殊鼓励政策，在政策方面该国或许并没有对学生来华留学产生较大的影响。

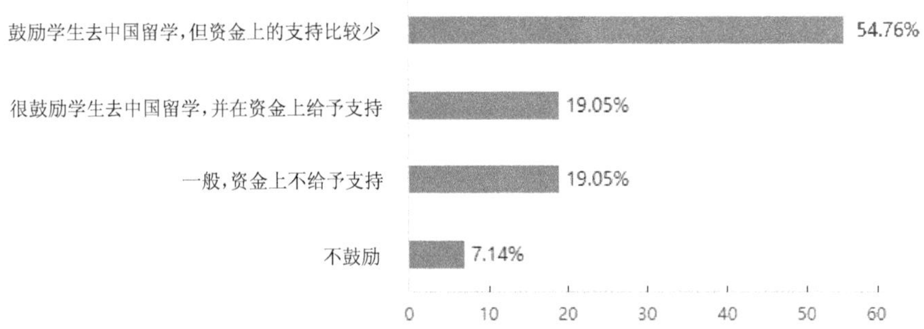

图 3-19 国家政府在政策上鼓励学生去中国留学的情况调查结果

如图 3-20 所示，乌兹别克斯坦国内对中国学历的认可程度是较高的，其中除去“不太清楚”的 9.52%，“非常认可”和“比较认可”的占比合计为“61.90%”。而在第二部分的问卷调查中，在乌兹别克斯坦学生出国留学时考虑的主要因素方面，“国内社会对留学目的国学历的认可程度”的比例尚与其他因素的比例相当，但在出国留学的主要原因方面，“国内社会环境很认可国外的学历”却并不作为学生出国留学的主要推动原因。在这一问题上，本书认为学历认可度仍会影响与前文所提到的学生主体对留学目的国的具体选择。

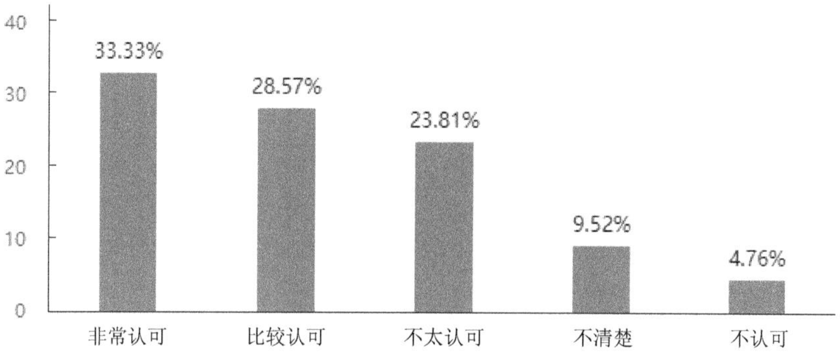

图 3-20　对中国学历的认可程度调查结果

在进行阶段，到某国留学对未来发展的助益是重要考虑因素，其中学历认可度尤为关键的，如果乌兹别克斯坦学生来华留学后所获得的学历在其国内没有较高的认可度，那么留学所耗费的时间和金钱都无法直接地为他们的未来发展提供助力（自身素质的提高除外）。故而在初始阶段，学生会更多考虑符合主体本身利益的、目的性较高的某些因素，如：获得更多的发展机会、他国较好的教育条件、奖学金政策、学习他国语言、对他国政治经济文化感兴趣等。而在选择留学目的国的阶段，学生则更多地考虑未来发展、留学目的国和自己国家在教育上的关系，如学历认可度、国家缺少人才、发展前景、政策环境等。当然这两个阶段并非孤立存在，一定是紧密联系、需要学生主体综合考虑的，都会在学生做出留学决策时对其选择产生一定影响，本书只对呈现的数据进行分析。因此，对中国的学历在乌兹别克斯坦的认可度的调查是具有一定意义的，而乌兹别克斯坦对中国学历较高的认可度将会推动学生选择到中国留学。

为了细化乌兹别克斯坦学生来华留学的原因，问卷设置了“喜欢中国历史文化”“想学习中文”“中国对留学生的政策比较好”“中国高等教育水平比国内高”“为了毕业以后留在中国工作”“为了移民到中国”“国内社会环境对中国高校学历很认可”“其他”等选项。其中，“其他”选项包括“为了和中国人做生意”“为了获得更多的发展机会”等在问卷中没有涉及的选项。问卷中的“为了毕业以后留在中国工作”是对“发展机会”的细化，可能并不是调查对象心目中的发展机会。因此，在下文分析中，将“为了毕业以后留在中国工作”与“其他”（包括“为了获得更多的发展机会”和“为了和中国人做生意”）合并归入“发展机会”，合计为 19.05%。具体调查数据如图 3-21 所示。

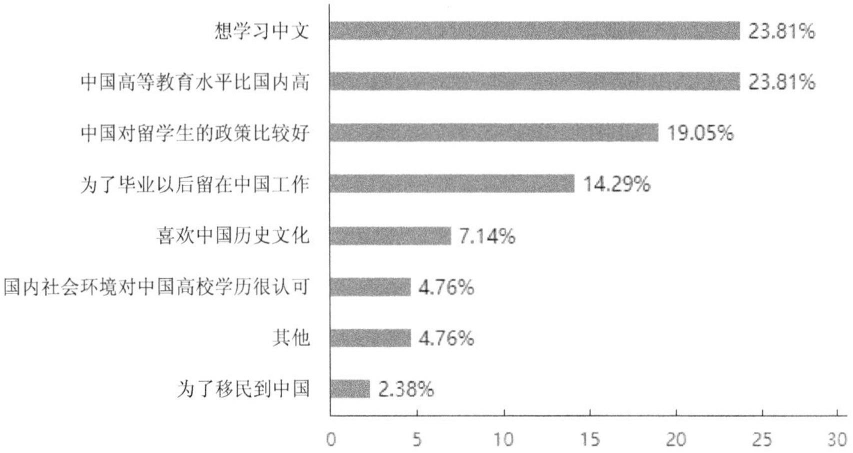

图 3-21　选择来华留学的主要原因调查结果

如图 3-21 所示,来华留学的主要原因各项数据如下:“想学习中文”占 23.81%,“中国高等教育水平比国内高”占 23.81%,“中国对留学生的政策比较好”占 19.05%,“为了毕业以后留在中国工作”占 14.29%,“喜欢中国历史文化”占 7.14%,“国内社会环境对中国高校学历很认可”占 4.76%,“其他”和“为了移民到中国”合计占 7.14%。结合前面两部分的问卷数据,可知学习中文是乌兹别克斯坦学生选择来华留学的重要原因。而根据之前的数据,乌兹别克斯坦学生学习中文的重要原因主要包括,为了满足以后的工作需要、对中文和中国文化感兴趣、为了获得毕业证书或是为了以后移民到中国。其中,为了移民到中国的动机占比最低,与出国留学意愿和来华留学意愿调查中的相关选项的数据一致。学生学习中文大多出于个人兴趣或是为了得到更好的发展,而乌兹别克斯坦的中文教育事业目前虽处在蓬勃发展中,但是仍然存在很多问题,如课程种类以及开设课程的相关机构数量较少。相比于中国本土的中文教学,乌兹别克斯坦国内的中文教学仍有许多不足和缺陷,如教师中文知识素养欠缺、语言交际环境不足等。到中国留学不仅可以满足学生学习中文的需求,还能享受到中乌两方的资金以及相关政策支持,无论是在学历认可度、未来前景等方面,还是在学习中文方面,到中国留学对于学生未来发展而言是一个不错选择。

同时,中国作为一个发展中国家还具有其他发达国家不具备的留学优势条件,即有较好的留学生政策,相对于乌兹别克斯坦有较高的教育水平。中国与乌兹别克斯坦同为亚洲的发展中国家,早在 1992 年就确立了良好的外交关系,在政治、经济、教育等多个方面都有着密切的交流合作,中国对一众发展中国家都持友好相处、合作共赢的态度,在乌兹别克斯坦的中文教育事业上更是给予了教育资源方面的众多支持,也积极推出鼓励来华留学的政策,为广大留学生提供了良好的学习环境和资源。2017 年起实施的《学校招收和培养国际学生管理办法》指出,要增进教育对外交流与合作,提高中国教育国际化水平。这使中国留学生教育进一步复归文化交流和育人的本体价值，彰显了“教育性”的本质。进入21世纪以来，我国发展留学生教育的目的是增进与世界人民对中国的了解并深化友谊，促进高校国际交流与合作，且国家愈发重视留学生教育在促进国际交流合作与提升文化软实力方面的重要作用。通过打造“留学中国”品牌，与“一带一路”共建国家开展合作办学，为来华学生教育管理的国际化打下坚实基础。我国不断调整和完善来华留学及留学生培养和管理相关政策，在管理主体、课程培养、文化认同等方面都随着我国对国际形势认识的深化和对教育国际化以及文化认同的重视，逐渐做出更加科学的改变。合作办学将增强中国在“发展机会”“学历认同”等方面的留学吸引力。

调查结果显示，有7.14%的学生表示对中国历史文化感兴趣（图3-21），这也是他们选择来华留学的一个原因。但是这一因素的占比并不突出，与想要移民到中国的占比相似。中国历史文化作为古老的东方文化，有着与众不同的文化魅力，这种特殊性、神秘性是激发世界不同国家的人民对中国历史文化充满好奇的根源，但同时也正因如此，中国文化又与众多国家本土文化之间存在着巨大的差异，在吸引留学生的同时又难免让其踌躇。这在一定程度上影响了乌兹别克斯坦学生来华留学、移民中国的意愿，而巨大的文化差异也会成为来华留学生最需要克服的问题。

问卷最后也对乌兹别克斯坦学生来华留学最大的困难进行了调查，共设置了6个选项，“其他”选项包含了“新冠疫情的影响”，这属于特殊情况，分析时暂且不计。还有一个选项为“It’s difficult to apply by applicants because most of universities work with agents.”（申请人很难申请，因为大多数大学都与代理商合作），可以归入“留学申请较难”的范畴。其他具体数据如图3-22所示。

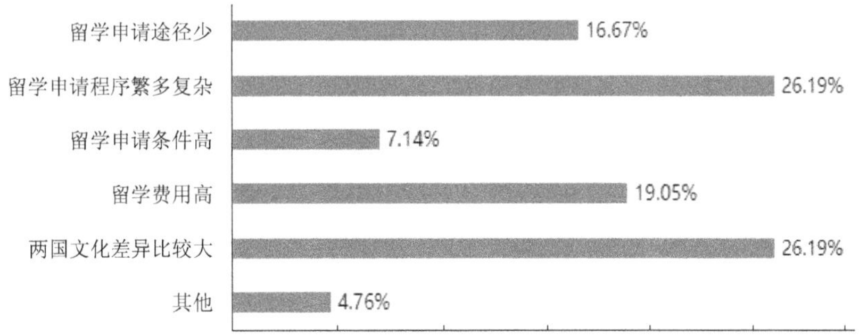

图3-22 来华留学最大的困难调查结果

调查结果显示，“留学申请程序繁多复杂”占26.19%，“留学申请途径少”占16.67%，“留学申请条件高”占7.14%，这些都属于“留学申请较难”，再加上“其他”，合计占54.76%。另一留学方面的困难是“留学费用高”，占比为19.05%。除此之外，“两国文化差异比较大”的占比为26.19%。

中国如今逐渐改善了以往粗犷式的扩招留学生模式,因为随着发展,该模式的弊端日益显现。2018年出台的《来华留学生高等教育质量规范(试行)》进一步强化了培养质量之于留学生教育的重要价值,以提质增效为内核的培养模式将逐步引领来华留学生教育的发展方向。国家加快启动来华留学质量认证体系建设,也要求高校严控留学生入学门槛,保障留学生生源质量;严格筛选和考查来华留学生的入学资格和基本素养,对申请来华的学生进行入学资格审查、考试或考核,完善留学生的申请申报和高校招生的标准及考核录取程序。这可能导致了一些调查对象提到的“留学申请程序繁多复杂”和“申请条件高”等问题,但是这也显示了中国对来华留学生培养质量的高度重视。因此,不能忽视在保障留学生质量和招生公平的基础上减少冗杂手续和非必要的环节,以促进留学生办理留学手续效率的提升。高校在被赋予留学生招生自主权的同时,还要拓宽其他招生途径,防止某些大学与代理人形成垄断性招生及留学生生源的丢失。而在留学费用的问题上,中国对于留学生在奖学金及政策方面的支持力度较大,但根据前文对乌兹别克斯坦留学政策的调查,可知乌兹别克斯坦对于留学生在资金上的支持还有很大一部分的提升空间,学生往往以自费与奖学金结合的方式支付留学费用,且奖学金的获得率也是有限的。在这一方面,乌兹别克斯坦国内的留学政策也对学生做出来华留学决策产生部分影响。但不可否认的是,出国留学往往要比在国内学习需要负担更高额的费用,这是每一个出国留学的学生要面对的现实问题。

最后一个重要方面就是中乌两国的文化差异。人们在不同语言和文化背景下进行交流活动,意味着双方都要试图去接收对方发出的信息,并进行转换、消化和再输出从而确保信息能被对方准确理解,此时跨文化交际能力就格外重要。中国古老悠久的历史文化传统能够吸引众多留学生前来,但在巨大的文化差异面前,如果留学生没有良好的跨文化交际能力必将导致留学失败。事实上,很多人通常并没有机会去提升自己的跨文化交际能力,也没有跨文化交际意识。面对陌生的文化,在趋利避害的潜意识下,人们往往会选择与自己国家的文化相似或自己比较了解的文化环境。故而要解决这一问题,我国应注重对留学生跨文化交际能力的培养,通过帮助留学生树立正确的国际文化视野,优化课程培养内容方案,增加校内跨文化交际实践活动,促进他们更好地了解中国传统历史文化、中国当前的社会发展成就。更直接的方面就是帮助他们克服文化交流障碍,更好地在中国完成学业,同时这也能间接推动我国教育的国际化以及文化传播和中文教育事业的发展。留学生跨文化交际能力影响着中外合作交流的未来,是促进中外合作交流的加速器。只有在深入交流与充分了解中,减少戒备与怀疑,增强认同与融合,才能进一步推动中外交流合作,应对人类共同挑战,共享世界发展成果。

参考文献

中文部分

著作类：

[1] 孙壮志，苏畅，吴宏伟．乌兹别克斯坦 [M].2 版．北京：社会科学文献出版社，2016.

[2] 吴宏伟．中亚地区发展与国际合作机制 [M]. 北京：社会科学文献出版社，2011.

[3] 王沛．中亚五国概况 [M]. 乌鲁木齐：新疆人民出版社，2006.

期刊类：

[1] 艾琳，蓝劲松．高校分类管理制度与政策：以乌兹别克斯坦为例 [J]. 世界教育信息，2022，35（1）：47-52.

[2] 奥莉娅，菲茹扎，杜永军，等．培养沟通世界人才 搭建国际合作平台：访塔什干国立东方大学校长曼纳诺夫・阿卜杜拉西姆・穆塔罗维奇 [J]. 世界教育信息，2019，32（10）：7-10，47.

[3] 拉诺・乌拜杜拉耶娃，项龙．乌兹别克斯坦的社会学调查和教育改革 [J]. 国际社会科学杂志（中文版），2005（1）：87-97，4-5.

[4] 李慧，苏卡特，阿米娜．中国与中亚国家"教育丝绸之路"合作路径探析：基于中亚四国高等教育的发展 [J]. 东北大学学报（社会科学版），2018，20（4）：419-426.

[5] 李珂．独立后俄语在乌兹别克斯坦的现状 [J]. 青年文学家，2014（9）：113.

[6] 李枭鹰，齐小鹍，何文栋．乌兹别克斯坦全民教育发展：现状、挑战及愿景 [J]. 重庆高教研究，2018，6（4）：69-79.

[7] 李雅梅．丝绸之路上的汉语驿站：乌兹别克斯坦共和国的汉语教学 [J]. 云南师范大学学报（对外汉语教学与研究版），2008（5）：89-92.

[8] 李郁瑜．乌兹别克斯坦国民教育改革及发展现状分析 [J]. 比较教育研究，2020，42（7）：35-42.

[9] 廖成梅．中亚国家的语言政策论析 [J]. 国际关系学院学报，2011（6）：101-105.

[10] 马建民．"一带一路"背景下中国与乌兹别克斯坦汉语教育合作交流研究 [J]. 北方民族大学学报，2021（4）：160-167.

[11] 马健云．我国来华留学生教育政策的变迁逻辑与发展走向 [J]. 研究生教育研究，2022（3）：31-37.

[12] 穆尔塔扎耶娃・哈米多夫娜，张娜．乌兹别克斯坦当代人口过程及国家人口政策 [J]. 俄罗斯中亚东欧研究，2011（2）：90-94.

[13] 穆尔塔扎耶娃，张娜．苏联的民族政策在乌兹别克斯坦的实行 [J]. 西北民族研究，

2012(2):5-14.

[14] 秦放鸣.对乌兹别克斯坦经济改革模式及经济发展的再思考[J].俄罗斯中亚东欧市场,2006(3):24-28.

[15] 中亚信息编辑部.乌兹别克斯坦国立米尔佐·乌卢格别克大学[J].中亚信息,2008(5):50.

[16] 杨丽娟.从内陆走向开放:乌兹别克斯坦经济地理研究[J].伊犁师范学院学报(社会科学版),2019,37(1):108-116.

[17] 岳萍.塔什干医学院成立[J].中亚信息,2005(8):32.

[18] 伊力米热·伊力亚斯.乌兹别克斯坦教育改革[J].开封教育学院学报,2013,33(7):207-208.

[19] 伊力米热·伊力亚斯.乌兹别克斯坦高等教育[J].佳木斯教育学院学报,2013(12):196,202.

[20] 张宁.乌兹别克斯坦宗教管理体制研究[J].俄罗斯学刊,2014,4(2):72-80.

[21] 赵荃.当代留学生全球化跨文化交际能力培养[J].北京印刷学院学报,2021,29(12):102-104,112.

学位论文类:

[1] 阿兹斯.乌兹别克斯坦语言政策及其对汉语教学影响研究[D].北京:中央民族大学,2020.

[2] BUNYOD K.乌兹别克斯坦汉语教学现状研究[D].乌鲁木齐:新疆大学,2012.

[3] 李郁瑜.乌兹别克斯坦高等教育变迁研究(1917—1991)[D].西安:陕西师范大学,2020.

[4] 马静.乌兹别克斯坦高等教育研究[D].兰州:兰州大学,2012.

[5] BEKZOD P.乌兹别克斯坦高中汉语教学现状调查研究[D].长沙:湖南师范大学,2020.

[6] 萨卫."一带一路"倡议背景下的乌兹别克斯坦汉语教学:现状、问题及对策[D].大连:辽宁师范大学,2018.

[7] 孙雍.乌兹别克斯坦塔什干孔子学院发展研究[D].兰州:兰州大学,2020.

[8] 夏之芳.乌兹别克斯坦汉语教学历史、现状与发展对策研究[D].上海:上海师范大学,2021.

[9] 徐畅畅.乌兹别克斯坦汉语教学与推广研究[D].上海:上海外国语大学,2017.

第四章　也门中高等教育研究

第一节　也门国家概况

一、地理位置和行政区划

也门共和国（The Republic of Yemen），简称也门，位于亚洲西南部，阿拉伯半岛南端，国土面积约为 52.8 万平方千米。也门南濒阿拉伯海、亚丁湾，北部与沙特阿拉伯接壤，东邻阿曼，西隔曼德海峡与非洲大陆的埃塞俄比亚、索马里、吉布提等相望。

也门东北部是广阔的高原地区。平原主要分布在沿海地带，沿阿拉伯海岸，有一个长约 2 000 千米、宽 30~60 千米的平原地区。也门的西部和南部是连绵的高山和高原，其西南部的哈杜尔舒艾卜峰的海拔为 3 760 米，是也门和阿拉伯半岛的最高点。位于阿拉伯海与亚丁湾交界处的索科特拉岛是也门最大的岛屿。

也门的地理位置对于国际贸易和航运具有重要意义。也门有约 2 000 千米长的海岸线，海上交通十分便利。西南的曼德海峡是国际重要的通航海峡之一，沟通印度洋和地中海，是欧亚非海上交通要道。

也门气候类型多样。南部属于热带干旱气候，而北部气候类型较多，沙漠和半沙漠地区干燥炎热，中央高原凉爽，丘陵地区温和，西部红海沿岸炎热潮湿。

也门有 21 个省，分别为萨那、亚丁、塔伊兹、拉赫季、荷台达、阿比扬、伊卜、舍卜沃、宰马尔、哈德拉毛、哈杰、迈赫拉、贝达、萨达、迈赫维特、马里卜、焦夫、阿姆兰、达利、利玛、索科特拉；1 个直辖市，即萨那市。

也门共和国的首都为萨那市，其作为也门政治、经济、文化中心，人口约为 298.3 万。也门拥有 3 000 多年文字记载的悠久历史，是人类最早定居地之一。萨那位于阿邦山和纳卡木山之间的高原盆地，气候温和。萨那曾是阿拉伯半岛的交通要冲，商贾云集，古代诗人曾把萨那比喻为“阿拉伯的明珠”。由于人文和自然灾难，萨那曾多次遭到毁坏，也曾多次重建。

16 世纪后，也门先后遭葡萄牙、奥斯曼帝国和英国的入侵。1934 年，英国迫使也门承认英国对南部也门的占领，也门被正式分割为南、北两部分。20 世纪 60 年代，南、北也门相继成立共和国。1990 年 5 月 22 日阿拉伯也门共和国与也门民主人民共和国正式宣布统一，也门共和国成立。

1956 年 9 月 24 日，中国同也门穆塔瓦基利亚王国建立公使级外交关系，后两国关系升格为大使级（当时已是阿拉伯也门共和国）。1968 年 1 月 31 日，中国与也门民主人民共和国建立大使级外交关系。

二、人口、民族和语言

截至 2023 年，也门拥有约 3 400 万人口，其中 90% 以上是阿拉伯人。生活在也门的阿拉伯人以部落为基本单位，全国共有 190 多个部落。哈希德、巴基尔、哈卡和穆德哈基是最主要的部落。其中，哈希德部落知名度最高，具有非常突出的地位和重要性。该部落主要集中于萨那、哈杰、萨达，人口逾百万，由 50 多个中小部落组成。

也门的官方语言为阿拉伯语。英语在也门也是较为通用的一门语言，在涉外政府部门、报刊与电台等媒体机构以及教学机构中得到了较为广泛的使用。

三、文化和教育

（一）文化

1. 礼节礼仪

也门人热情礼貌，重视礼节。亲朋好友相见或初次见面，都会热情问候。常见的礼节有握手、拥抱并亲吻面颊 1~3 次。握手后互吻对方手背或自己手背，以示尊敬。也门人在迎宾待客时习惯给客人熏香和喷香水，用芳香的味道表达敬意和好客之情。也门人会用各种富有民族特色的糕点、水果、糖、咖啡和饮料招待客人。

也门有个传统礼节就是吻足礼。晚辈拜望长辈，或出远门与长辈告别时，可能会行吻足礼，即跪下亲吻长辈的腿部甚至脚背，以示尊敬和祈福。

在节日和庆典中，也门人喜欢跳舞、唱歌（通常男女分开进行）。

2. 饮食

也门人的主食以面食为主，习惯吃阿拉伯大饼、玉米饼，也吃米饭。也门人讲究菜肴的色、香、味，喜爱辛辣味道，一般不喜欢口味太咸，比较偏爱炒、烧、烤等烹调方法制作的菜肴，调料常用姜、辣椒粉、胡椒粉等。也门人习惯喝茶和咖啡。

3. 婚俗

也门民间婚俗至今保留着许多古老的阿拉伯传统和特有习惯。婚礼一般持续 3 天（有些地区为 8 天），分为相亲、求婚、订婚、成婚等几个阶段。

求婚时，男方带着礼物等，在亲友陪同下来到女方家。男方父亲把求婚戒指和衣服送给女方，双方家长商定婚期和用于给新娘购买珠宝、衣服的彩礼。

订婚仪式上，双方家长在阿訇的见证下签署婚约。

成婚日（星期五），新郎在男性亲友的陪同下进行礼拜和祈祷。整个下午都沉浸在欢庆的氛围中，人们会吟诵经文、跳舞和欣赏音乐。也门人把婚礼看作欢乐的庆典，当作重要社交活动，通常婚宴盛大，厨师会准备许多丰盛的食物。

4. 节日

也门法定工作日为星期日至星期四，星期五、六为政府机构公休日，多数公司和机构会选择星期五休息。特别是星期五上午，商店均不营业，直到傍晚或夜晚才有少数商店恢复营业。

也门的节假日包括：5 月 22 日（国庆日）；1 月 1 日（元旦）；5 月 1 日（劳动节）；9 月 26 日（九月革命日）；10 月 14 日（解放日）；11 月 30 日（独立日）等。

5. 世界遗产

（1）萨那古城

萨那古城位于也门首都萨那，历史悠久，已有 2 000 多年历史。它坐落于海拔 2 200 米、气候温和的山谷中，被誉为“春城”。萨那古城建于古代萨巴王国之地，享有盛名的古丹宫于公元 3 世纪在城堡外西南面修建。萨那政治和文化遗产包括早在 11 世纪前建造的 12 座哈玛姆寺，百余座清真寺和几千个会所。具有悠久历史的清真寺的尖塔、圆顶和独特的多层塔楼式住宅风格享誉世界。清真寺通常采用白石、青石或红石作为建筑材料，石墙上雕有精美花纹和图案。萨那古城具有独特的建筑风格和极高历史文化价值，1986 年被列入联合国教科文组织的《世界遗产名录》。

（2）希巴姆老城

希巴姆老城也称城墙环绕的希巴姆古城，坐落于也门中部哈德拉毛省，是一座具有超过 1 700 年历史的古老城市，以独特的高层建筑群和城市规划闻名于世。现存建筑大多建于 100 年前或 300 年前，最古老的甚至可追溯到公元 10 世纪。有些建筑高达 30 米，年代久远，展示出中世纪高超的高层建筑技艺。希巴姆老城的城市规划和布局被认为是古老而又杰出的典范。据考证，这种高层建筑源于传统家族制度。当时家族分家后一般不在外面新建房屋，而在原有房屋的顶上扩建加层，房屋逐步增高，从而逐渐形成高层建筑。高层建筑的顶楼和屋顶都涂有雪花石膏，建筑材料主要是土坯。希巴姆老城独特的古建筑具有相当高的历史研究价值，1982 年被列入联合国教科文组织的《世界遗产名录》。

（二）教育

1. 也门教育现代化改革

由于种种历史原因，也门的现代教育起步较晚。阿拉伯也门共和国在 20 世纪 20 年代才出现正规学校。20 世纪 60 年代前，该国的初中数量寥寥无几，没有高中和大学。

1990 年 5 月 22 日,也门共和国成立。也门政府十分重视本国教育事业的发展,为此拨出专用经费并引入外资,相继建立多所学校,中小学实行义务教育,在学人数明显增加。除了创建公立学校,也门还积极鼓励扶植私立学校,私立学校纷纷建立。随着社会对专业技术人员的需求的增大,职业教育发展迅速,设立了多所中、高等职业技术学校,涉及多个层次和专业。

经过多年发展,也门高等教育得到提升。大学数量和学院数量不断增多,专业体系趋于完整,不仅有本专科教育,还有硕士和博士研究生教育,公立大学和私立大学并存,更多高中毕业生可以进入大学深造。

也门基本建立起包括小学、初中、高中、职校、专科、本科、研究生等多层次的教育体系。

为提高教学质量,近年来,也门政府和教育部门努力引入现代化教学技术,优化教学设备,提高各层次教育的教学质量。

2. 也门教育体系

也门教育总体分为普通初、中等教育(小学、初中和高中),高等教育(大学)和职业教育(中等和高等)。既有公立学校也有私立学校。大学有专科、本科、研究生(硕士研究生和博士研究生)多个层次,整体教育框架基本建成。也门有公立大学 7 所,私立大学 13 所。

3. 也门义务教育

在也门,包括小学和中学在内的普通教育实行义务教育。

四、经济

也门经济相对落后,发展比较缓慢,主要依赖石油出口,是世界不发达国家之一。政府为发展经济,于 1995 年开始全面推行经济和行政改革,相继出台一系列经济改革政策和措施,调整结构,拓宽外资吸引渠道,减轻政府财政负担,收效比较明显,主要经济指标呈现良好发展态势。2001 年,也门的国家财政首次实现盈余,出现可喜局面。但 2010 年,受国际金融危机、油价下跌的双重影响,也门的石油出口收益锐减,经济受到冲击,经济增长速度放缓,国民失业率上升。

石油和天然气是也门主要的自然资源。政府高度重视石油生产和出口,同时加快石油勘探和开采,加速石油工业化生产进程,通过出口石油、天然气,增加财政收入,提升经济水平。石油工业化生产和出口从 20 世纪 80 年代起成为国民经济的主要支柱。2009 年,经过政府和相关部门的不断努力,也门的天然气工业化生产逐步形成,同时实现出口。

也门的金属矿藏主要有金、银、铅、锌等,非石油矿产资源比较丰富。政府积极与国外合作,共同开发,共同获利。但由于资金、技术等多种原因,非石油矿产资源开发和利用基本还处于起步阶段。

整体讲,也门虽有纺织、化工、制革、建材、卷烟、食品加工等工业,但工业还比较落后,不够发达。

也门的农产品主要有棉花、咖啡、粮食、烟草等，其中棉花和咖啡的产量可观，可供出口。但粮食不能做到自给自足，约一半粮食需求还依赖进口。也门农业人口约占全国人口的70%。

由于过度开采地下水且缺乏有效保护，也门原本的水资源紧缺问题进一步加剧。

也门货币名称为里亚尔。

第二节 也门中等教育制度

一、中等教育概述

也门的普通教育由国家教育部负责管理，包括免费义务教育的小学和中学阶段。儿童一般7岁入学，小学教育一般接收7~14岁的儿童。小学教育完成后，学生可以进入中等教育阶段的学习，包括初中（3年）、普通高中（3年）。初中毕业生须参加统考，成绩合格者可进入高中学习，一般在高中二年级开始分文、理科。

为适应社会对初级技术人才日益增长的需求，也门注重发展职业教育，逐步建立起职业教育体系，包括与高中相平行的中等职业学校。这些学校为学生提供各类专业理论课程以及技能教育与培训，将职业理论与技术技能结合起来，确保毕业生可以快速适应社会岗位要求，满足各行业对于初等专业技术人员的需求。

也门成人教育的主要任务是扫盲，国家制订成人识字教育计划，开办成人扫盲班。这类学校和培训机构主要使用政府统一的识字教材，帮助学员识字，降低整体文盲率。

（一）行政管理机构

教育部主要负责管理普通教育，包括小学、初中和高中的管理，制定和实施全国教育政策，推动义务教育的均衡化，加强教育督导与评估，负责教师培训、教育设施建设与维护等。

技术教育与职业培训部负责职业学校等相关学校的管理，制定和实施职业教育政策，确保培养出的技术人才适应社会需求。

管理部门各司其职，协同合作，共同推动教育的全面进步与发展。各省份设有教育管理部门，负责本区域的教育规划、教育实施与管理。市级和县级教育机构负责地方教育政策的具体执行和落实，处理具体教育事务，如学校的日常管理、教师分配、教学设施维护等，确保教学秩序的正常运行。

（二）教育机构

也门整体教育框架基本构建完成，包括小学、初中、高中、职业学校等各层次教育机构，既有公立教育机构,也有私立教育机构。

公立教育机构:包括小学、中学、职业学校,为学生提供多层次教育服务。中小学为义务教育,高中依据考试成绩,择优录取。

私立教育机构:主要是私立学校,提供相应层次的教育服务。

宗教教育机构:包括宗教小学、初中、高中等多类宗教学校。这些宗教教育机构主要进行宗教教育,一些机构同时提供识字训练。

成人教育和扫盲项目:也门政府实施成人识字教育计划,开办各类扫盲班,主要任务是提高成年人的识字水平和文化水平,降低文盲率。

二、初级中等教育

也门的初级中等教育,即初中,学制一般为3年。小学毕业后,学生可以进入初中学习,初中教育是义务教育的一部分。

初级中等教育主要培养学生良好行为习惯,为学生提供基础知识,既重视学生学科知识的学习也注重思维力的培养,保障学生掌握所学知识,为进一步学习做好准备,培养学生的综合素质,促进道德、智力、体育、艺术等方面的全面发展,培养科学思维,全面提高素质。

课程通常包括语言类、科学类、社会科学类、数学类、体育类、艺术类、劳动技能类和宗教教育类。

完成初级中等教育后,统考成绩合格的学生将有机会升入高级中等学校(高中)学习。

除公立学校外,私立学校也是也门教育的一种途径。

三、高级中等教育

(一)高级中等教育机构

也门的高级中等教育主要包括普通高中和职业技术学校。初中毕业后,学生可以申请进入普通高中。能否被高中录取通常取决于学生的初中成绩和教育部组织的毕业考试成绩是否均达标,部分高中会有自己的入学要求,如学生需要参加面试或参加相关科目的考核。初中毕业生除可以选择高中外,还可以选择进入与高中平行的职业学校。

高级中等教育的主要任务是培养学生良好情操,培养学生的批判性思维和用科学方法解决问题的能力,全面提高学生素质,确保学生的知识和技能水平得到全面提高,为大学学习或步入社会做好准备。职业学校重点提供职业技能培训,提高学生具体解决问题的能力,为学生的未来职业生涯打下基础。

普通高中开设数学、物理、化学、生物、语言、历史、地理、政治等课程。职业学校则根据主要专业开设相关的理论与实践课程。这些课程旨在帮助学生规划好未来,为今后学术和职业生涯做好充分准备。

（二）普通高中教育

普通高中教育旨在全面提高学生知识水平，培养学生的批判性思维和科学解决问题的能力，确保学生能全面掌握所学知识，为学生进一步深造或步入社会打下良好基础。进入高中的要求是通过教育部组织的初中毕业考试，学生根据考试成绩和个人志愿申请进入普通高中学习。高中学制一般为 3 年，在高中二年级开始分文、理科。

普通高中为学生提供多样化课程，包括必修课程和选修课程。学生需要修读所有必修课程，包括自然科学、社会科学等领域的课程，同时可以选择自己感兴趣的选修课程，拓展知识面，如外语、艺术等，以发展个人所长，提高综合素质，为进入社会或升入大学做好准备。高中生只有完成学业并通过统一考试，才可获得普通高中毕业证书。高中毕业生的由教育部组织的统一毕业考试的成绩达到大学录取分数线，可以根据个人志愿，选报大学，继续深造。

（三）中等职业教育

社会发展需要大量初、中级技术人才，也门中等职业教育得以快速发展，主要由与高中平行的中等专业学校和职业技术学校组成。中等职业教育面向社会，为学生提供基础职业技术理论教育和实用技能技术培训，培养其理论与实践相结合的能力和解决实际问题的能力，帮助学生掌握一项或多项实用技能，使毕业生进入社会后能迅速融入社会，更易找到工作，从而提高整体就业率，满足社会和经济发展对初级技术人才的需求。

职业学校分为公立校和私立校，开设各类职业课程，这些课程既包括技术理论课程，又有实际技能操作课程，注重技能培训，帮助学生为未来的职业生涯做好充分准备，打下坚实基础。

第三节 也门高等教育制度

一、本科教育

1970 年，也门创建了第一所大学，并逐步建立起自己的高等教育体系，优秀的高中生开始有机会进入大学接受高等教育。但也门大学的招生范围较窄，首先考生必须高中毕业并获得相应的高中毕业证书，而且必须在获得证书五年之内报考大学，过期便失去报考大学的资格。大学生社会地位较高，其在毕业获得学位后，享有较高的薪资、待遇。

20 世纪 90 年代前，也门仅有两所大学，即 1970 年成立的萨那大学和 1975 年成立的亚丁大学，但它们远远不能满足社会需求。政府开始重视高等教育的发展，积极推动扩大大学招生，扩大高等教育规模，实施了一系列政策，如新建大学，帮助原有大学开设分院，拓展专业,增加招生人数。同时,政府积极出台措施,鼓励私立大学的建立,增加国民上大学的机会。私立大学不断壮大,数量和招生人数的增速远远超过了公立大学的增速。截至 2024 年,公立大学数量已经增至 7 所,私立大学则为 8 所。

二、研究生教育

也门首所大学——萨那大学于 1970 年在萨那(中等)师范学院基础上建立,它的建立标志着也门高等教育的起步。萨那初期仅设有教育学院和法学院两个学院,并且不招收研究生。之后萨那大学不断发展,增加学院数量和专业数量。1984 年,文、理、法和教育 4 个学院开始招收硕士研究生,开启了也门的研究生教育。理学院于同年开始招收博士研究生,使也门同时具有了自己的硕士和博士研究生教育。也门研究生教育周期如下:硕士 2~3 年、博士 2~5 年。大学不仅在本国培养研究生,还可积极派遣研究生赴国外进行学习研究。申请出国攻读高学位的人数不断增加,这也得益于政府的鼓励政策。

三、高等教育机构

1970 年,萨那大学成立,其为也门首所大学;1975 年亚丁大学成立。也门共和国成立后,政府重视国民教育,积极发展高等教育。为培养更多高级人才,全面加强大学建设,也门扩充原有大学规模,设立分校,增加专业数量,扩大招生规模,提升办学条件。政府出资新建高等学府,兴办公立大学;出台多项政策措施,欢迎非政府组织、私人和国外机构建立大学。经过多年的不断建设,现代高等教育的基本框架初步形成。也门的高等教育具有多种办学模式,既有普通高等教育,也有职业教育;公立大学和私立大学并存,涵盖专科、本科、研究生层次,颁发学士、硕士、博士学位。大学专业比较齐全,设有专注于特定领域的专业学院等。高等教育的不断扩大发展,使更多国民接受高等教育成为可能。

(一)高等教育机构类型

1. 公立大学

20 世纪 90 年代末,也门政府出台措施,扩大高等教育规模,新建大学,增加大学数量。扩充和优化原有大学的措施之一就是帮助大学在各地设立分院,再经过其自身不断发展完善,逐步成为独立大学。学院数增多,专业设置趋于合理,招生人数增加,更多高中毕业生进入大学学习。据中国驻也门大使馆统计,截至 2024 年 6 月,也门共和国公立大学数量已经增至 7 所,分别为萨那大学、亚丁大学、达玛大学、伊卜大学、荷台达大学、哈达茅特大学、泰兹大学。

2. 私立大学

为鼓励国民进入大学学习、接受高等教育,同时减轻国家高等教育办学负担,政府积极为私立大学提供建设、运行、发展条件,鼓励多种机构、私人团体建立并运营私立大学,私立大学纷纷建立。私立大学的创立和发展，使更多国民实现了接受高等教育的愿望。私立大学数量已达8所。

3. 高等职业院校

除普通高等院校外，也门亦有高等职业院校。为适应社会对高级技术人才的需求，也门政府大力发展高等职业教育，逐步建立了包括高等职业教育在内的职业教育体系。这些高等职业院校为学生提供各类专业理论课程和技能教育与培训，将专业理论学习与实际技术应用结合起来。这样不仅使高中毕业生有了更多选择机会，也满足了社会对高级技术人才的需求。一些大学设立了职业化的学科专业，为社会培养专门的高级技术人才；开设大专班、高级培训班等，提供职业进修课程。

（二）重点大学

1. 萨那大学

萨那大学创立于1970年，是也门首所大学，为公立性质的大学。最初设有两个学院，1984年扩展至文、理、法、教育4个学院，后发展到9个学院。每年招生人数不断增加，更多高中毕业生有机会进入这一知名高等学府进行深造。1984年起，部分学院开始招收硕士研究生，理学院招收博士研究生。大多数专业的学制为4年，部分学院学制为5年或6年。1985年，研究生院正式成立，其拥有派研究生赴国外学习的权利，设有语言中心，开展语言研究，并配备了较为现代化的图书馆。

2. 亚丁大学

亚丁大学成立于1975年，由原教育学院、商业与管理学院、那思农学院和医学院合并而成。培养出许多优秀人才，是也门较有声望的一所综合性大学。亚丁大学设有多个专业，为学生提供多种学科的学习与科研资源。

四、高等教育行政管理机构及发展政策

（一）教育行政管理机构

也门的高等教育的行政管理机构包括教育部、高等教育与科研部和技术教育与职业培训部，它们的职责包括：制定和实施国家教育政策，监管教育质量，统筹管理教育经费；管理、培训教师，提升其职业素养；提高教学能力和水平；推动国际教育合作与交流；建设与维护教育设施。

教育部主要负责制定和实施全国教育政策，加强教育督导与评估。高等教育与科研部专注于高等教育机构的管理、规划与发展，推动高校与科研院所的科研工作，促进与其他国家的高等教育与科研方面的合作，确保大学教育质量，提供教师培训，保障教育设施的正常运行与完善。技术教育与职业培训部则负责职业学校和社区学院等相关职业院校的管理，

制定和实施职业教育政策,确保培养出的人才适应社会需求。这些管理部门在高等教育体系中各司其职,协同合作,整体推动高等教育的发展,协调解决相关问题。

(二)高等教育发展政策

1. 发展扩大高等教育

自 1990 年也门共和国成立以来,随着经济的不断发展,社会对于高素质、高文化、高技术的人才的需求日益迫切,原有的两所大学远不能满足社会需求。也门政府高度重视高等教育的发展,专门设立了高等教育与科研部,加强大学的管理与建设,保障和监管高等教育质量。政府新建大学,增加原有大学的学院数量,扩充专业,扩大招生规模,帮助已有大学在其他地区建立分院,待发展成熟后,逐渐成为独立大学。政府在出资兴办公立大学的同时,积极鼓励非政府组织和国外机构建立、运营私立大学。这些年,大学数量不断增加,开设的专业更加齐全,涵盖了专科、本科、硕士研究生和博士研究生各个层次,初步形成了现代高等教育的基本框架。高等教育不断发展,大学数量稳步增加,公立大学已有 7 所,私立大学达 8 所,招生人数稳步增加,为更多高中毕业生提供了进入大学深造的机会。

2. 提高提升师资力量

也门教育的落后还体现在长期以来师资极度匮乏且教师素质不高。20 世纪 60 年代初,教师学历普遍较低,多数小学教师尚不具备任何学历文凭,教学质量差。20 世纪 80 年代初以来,在校生激增,各类学校急需高素质教师。但由于多种原因,很少有人愿意从事教师工作,学生不愿学习师范专业,教师短缺问题十分严重,培养教师的任务非常紧迫。政府采取积极措施,培养各层次教师,壮大师资队伍,提升教师整体素质。政府一方面在全社会大力呼吁尊师重教和培养教师的重要性,颁布教师法;另一方面积极出台可行措施,切实提高教师社会地位和生活待遇,福利政策向教师倾斜。同时,升级原有师范学校,增设师范院校,大学开办教育专业,多渠道大量培养教师。出台多项优惠政策为师范生提供衣食住行上的优厚待遇。直升大学教育学院,带薪读研,增加出国留学名额等多项措施相继出台实施,这些措施对于引导更多学生报考师范院校和学习相关专业起到很好作用。政府采取措施稳定已有教师队伍,防止教师流失。通过提供住房,增加补贴,优先出国等福利,使原有教师热爱教育工作,安心教学。全面改善师范院校办学环境,使教师和师范生在良好环境下生活、工作和学习。在多方共同努力下,师范教育逐渐发展,师范类毕业生人数不断增多,大中小学教师资源得到有效补充,教师短缺现象得以缓解,师资力量和教师素质逐步提升。

第四节　也门职业教育情况

一、职业教育发展概况

在也门，职业教育由技术教育与职业培训部负责管理。20 世纪 70 年代以来，随着社会对各类技术人员的需求的不断增加，也门职业教育开始受到政府的广泛关注，中高等职业学校和多种技术培训中心相继出现。

1990 年也门共和国成立后，政府持续关注职业教育的发展。在社会对各类人才需求增大的背景下，职业教育的建立与发展显得尤为重要。政府出资兴办各类职业学校，也得到了国际援助。在这一过程中，不仅建立了许多公立职业教育学校，社会团体、外资机构也创立了众多私立职业技术学校，既有中等职业学校，也有高等职业院所。职业教育层次多，涉及面广，招生人数增长迅速，包括工业技术学校、卫生学校在内的职业学校的招生数快速增长。

近年来，职业教育在也门迅速壮大，职业学校数量增多，类型多样，涉及专业不断增加，已形成比较完整的职业教育体系。

二、中等职业教育

中等职业教育是也门职业教育体系的重要组成部分，其结构较为合理。为满足社会对初级技术人员的需求，政府设立了工业技术、卫生、师范等方面的中等职业学校，为社会培养初级专业技术人员。初中毕业生通过统一考试，可以选择进入与高中平行的中等职业学校学习。中等职业教育为学生提供基础职业技术理论教育和实用技能技术培训，帮助学生理论联系实际，掌握实用技能，使毕业生进入社会后能够马上适应岗位要求。职业教育提供多样化职业课程，包括技术理论课程和实际技能操作课程。大学部分专业与职业学校专业对口，与中等职业学校很好衔接，给职业学校毕业生提供了深造机会，为毕业生增加了更多毕业去向选择。

三、高等职业教育

随着社会的发展进步，社会对于高等专业职业技术人员的需求不断增加，也门高等职业教育因此得到发展，国家设立了专业明确的大专院校，一些大学设立了职业化的学科专业，旨在直接满足社会需求，既有专业理论课程，又有技术技能实际操作，将专业理论学习与技术技能培养结合起来，专门为社会培养高级职业技术人员。一些部委开设了大专班、高级培训班等，提供大专及进修课程。

第五节　也门中文教育发展概况

一、中文教育现状

2013年,中国和也门签署了教育合作协议,其中包含在萨那大学开设中文系的内容。中国积极鼓励也门高校开展中文教学,希望更多也门青年人学习中文,加深也门年轻一代对中国的了解,增进两国的友谊。2014年,中国驻也门大使常华在也门会见萨那大学校长阿卜杜勒•哈基姆,双方就也门的中文教学等问题交流了意见。阿卜杜勒•哈基姆表示,中也两国传统友谊深厚,近年来也门青年学习中文的热情高涨,在萨那大学开设中文系有利于宣传中国文化,促进两国的友好合作。萨那大学希望与中方有关部门密切配合,做好在该校开设中文系的各项准备工作,并希望在时机成熟时开设孔子学院,让更多的也门群众学习汉语和博大精深的中国文化。虽然中也两国经济贸易往来历史悠久,但是也门汉语言文化的传播始终面临着很多问题与挑战。从地理位置来看,虽然也门处于优越的交通枢纽位置,拥有重要的港口,交通便利,但是也门地区汉语言文化传播的效果并不理想。也门非常欢迎中国文化的传入,并愿为中国文化与本国文化交流贡献力量。但是汉语言文化的传播受到了战争等不利因素的阻碍,让那些想了解并学习中国文化的也门人不得不选择离开也门,到中国或附近国家的孔子学院去学习。

近年来,也门青年学习中文的热情高涨,在也门政府的支持下,也门高校开始开设中文课程。2013年,萨那大学开设了中文系,学生可以在大学里学习汉语知识,通过学习汉语了解中国。随着中国和也门的关系越来越密切,越来越多的也门人意识到学习汉语的重要性,一些对汉语感兴趣的学生想亲自去中国学习,中国政府也给予了也门学生很多到中国学习汉语的机会。他们先到中国留学,拿到文凭之后再回到也门的私立学校教授汉语。目前,也门已有不少私立学校开设中文课程。

传播汉语言文化不仅限于课堂教学,还可以通过其他方式实现。随着中国与世界各国在经济上的往来越来越频繁,一些也门商人由于和中国有经济上的交流和沟通,也为汉语言文化的传播贡献了力量。同时,中国与也门也通过举办“汉语桥”比赛、中国文化展览、舞台表演和全球理事会年度大会等多种多样、丰富多彩的活动来促进汉语言文化的传播。孔子学院是汉语推广和传播的最好途径之一。孔子学院在其他国家的成功经验为汉语言文化在也门的传播提供了丰富的经验。孔子学院对汉语推广模式和效果的研究也逐渐完善。从某种意义上来说,孔子学院不仅是学习汉语的平台,更是向全世界展示中华优秀传统文化和习俗的重要媒介。但是迄今为止,在也门还没有建立孔子学院和孔子课堂,相信在不久的将来,也门也能够有孔子学院,给希望学习汉语的学生提供更好的交流平台。

为更具体地了解也门当前的中文教育情况，我们进行了问卷调查（2024 年），共发放问卷 36 份，获得有效问卷 32 份，调查对象主要为掌握一定中文知识的也门籍留学生。问卷针对也门的中文教育开展情况设置了 10 道题目。根据问题回答情况，我们对也门的中文教育开展了分析。根据问卷结果可知，有 62.5% 的调查对象认为在也门学习中文的人依然较少，学习中文的主要途径是培训机构（包括文化中心等），比例为 50%（图 4-1、图 4-2）。其次是自学，在校学习中文的人数相对较少，综合利用三种学习方式的中文学习者同样存在。在中文教育的国家教育体系和政策方面，也门对开展中文教育的态度不太积极，如图 4-3 所示，对于国家是否将中文纳入普通学校课程体系及作为中、高考必考科目的问题，调查结果呈现的基本是否定的回答。

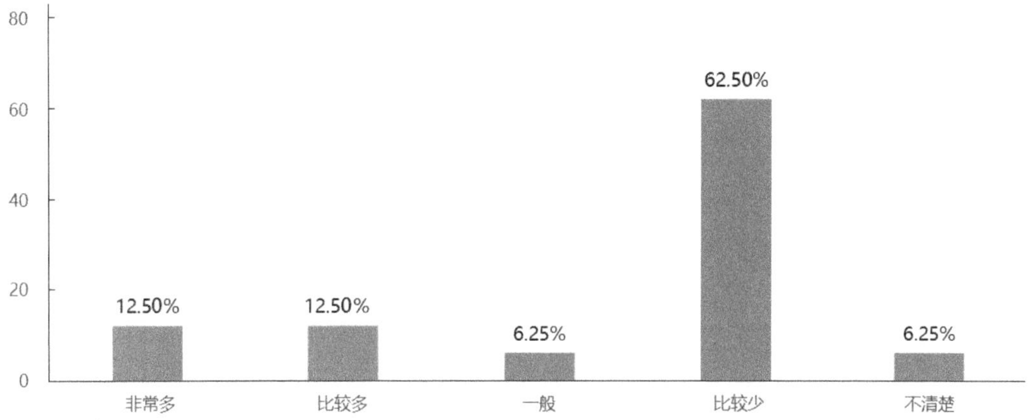

图 4-1　“在您的国家，学习中文的人多吗”调查结果

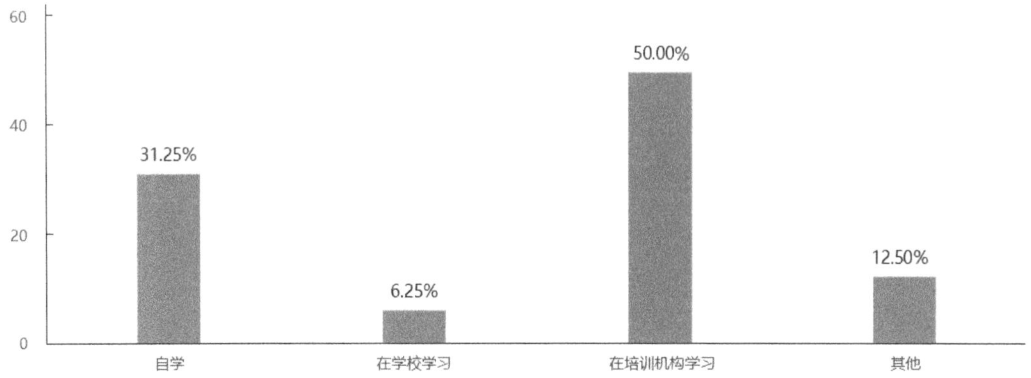

图 4-2　“您的国家人民学习中文的方式”调查结果

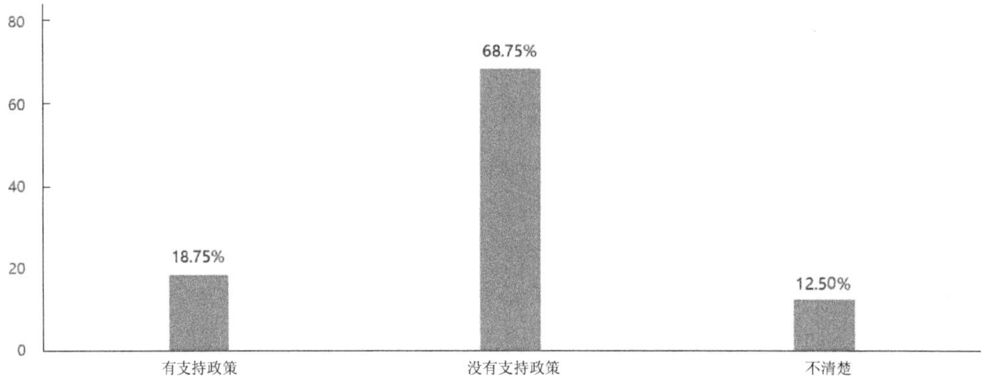

图 4-3 "您国政府在政策上支持开展中文教育吗"调查结果

二、中文教育面临的问题

随着中也两国的交往越来越频繁,越来越多的也门人开始学习汉语,但是通过调查和研究发现,也门汉语言文化传播在很多方面仍面临许多挑战。现就也门的实际情况,对这些挑战进行详细分析。

从来自中国的汉语教师的角度来说,到也门教授汉语的中国教师数量比较少,其中汉语国际教育专业毕业的中国教师更少。在国外从事中文教育的教师必须有丰富的汉语专业知识,熟悉中华文化,有跨文化交际能力,有国外教学的经验,并且拥有给不同国家学生讲授汉语知识的沟通能力。由于各种现实原因,也门还没有开设孔子学院和孔子课堂,所以目前也门汉语国际教育专业毕业的中国教师很少。其他专业出身的中国教师的水平参差不齐,在一定程度上影响了学生对汉语的学习。对于想进一步提高汉语水平的也门汉语学习者来说,由于缺乏来自中国的高水平汉语教师的指导,他们的学习需求难以被满足,这就在一定程度上打击了他们的学习积极性,降低了培养出高水平的本土汉语教师的可能性。

从也门本土的汉语教师的角度来说,本土汉语教师对于学生而言更具亲和力和感染力,对也门汉语言文化的传播更能起到促进作用。但由于也门本土汉语教师的培养体制不够科学合理,诸如专业设置、教师资格证和教育资源配置等方面存在各种各样的问题,所以对本土汉语教师人才的培养达不到预期。在也门,教师资格证是成为一名教师必不可少的一个资格证明,也是在也门正规大学教授汉语所需的必要凭证。但是由于培养体制存在问题,很多汉语教师拿不到也门的教师资格证。目前在也门,拥有教师资格证的汉语国际教育专业的也门本土教师数量少,部分汉语国际教育专业的人才尽管有汉语水平考试等级证书,但是受到教师资格证的限制,回国后没有从事相应的汉语教学工作,导致汉语言文化的传播受限。

此外,在也门有多种传播中国文化和汉语的方式,如课堂教学以及社交媒体教学等。但可以发现，也门在中国文化和汉语的传播途径方面也存在许多问题。教材是课堂教学必不可少的工具之一，教材决定了教学内容。在教学中教师需要基于教材展开细致的讲解，若汉语学习没有合适的教材，教学效果会大打折扣。在也门当地，有关汉语的教材、书籍极为匮乏。一本高质量的教材会使汉语学习事半功倍，这样的教材不仅可以通过简单实用的例子和系统的教学模块使学习者循序渐进地学习，还会不断提升学生对汉语学习的兴趣，自主地学习新知识。除了教材，也门当地的汉语教学资源也很少。相关机构和教育资源的匮乏使得也门的汉语学习者不能在真实的汉语语言环境中学习。上述阻碍，造成了也门学习汉语的人数少，进而导致也门民众汉语水平低，高水平汉语学习者很难出现的结果。“巧妇难为无米之炊”，这些因素相互影响，进而形成恶性循环，最终对也门汉语言文化的传播产生负面影响。也门确实有必要提供汉语教学的基本设施设备，以促进汉语言文化在也门的传播。

许多文明和文化存在封闭性，这样会对国家之间的文化互动不利。中国和也门可以在文化方面多进行深入的交流和互动，如通过商品展览、文艺汇演等方式让也门人了解中国文化的内涵，从而增进中也两国对彼此文化的了解，从而增进两国的友谊。

民众学习汉语意愿较低也是也门中文教育面临的一大问题。对大部分也门人来说，汉语不是他们学习第二语言时的首选。英语是当今世界上使用比较频繁和最为广泛的语言，也是也门的第二语言，相比于世界上其他语言，也门青年人学习英语的热情较高。调查发现，大部分也门人不太了解也门当地的汉语学习机构和大学，也没有读过和汉语有关的书籍，说明大部分也门人对汉语学习的愿望不强烈。很多也门人学习汉语主要是为了谋求更好的工作，但是在也门当地的中国公司较少，能提供给也门人的就业机会也较少。在也门汉语教师的待遇不高，学生在投入大量的人力、物力和财力学习汉语之后，最根本的就业问题得不到改善，生活水平无法得到相应的提升，达不到学习者的学习目的，更加削弱了一些学习者学习汉语的兴趣和动力。汉语和阿拉伯语分属不同语系，所以对也门人来说学习汉语知识尤其是汉字有很大的难度。语言作为思想文化的载体，在传播文化的过程中起到了关键的作用。而汉语语法知识的复杂性使得学习者容易出现畏难情绪，难以激发他们学习汉语的兴趣，这对汉语言文化的传播十分不利。所以，尽管有些也门人内心想学汉语，但最终未能付出实际行动，造成学习者学习汉语的意愿较低。

调查显示，交换生在传播汉语言文化的过程中被认为起到了促进作用。不管是来到也门的中国留学生还是去中国的也门留学生，他们在留学期间，通过和当地学生互动交流，体会当地的城市底蕴和文化内涵，可以使两国的文化产生碰撞，增进中也双方对彼此文化的了解和认同，弥补互联网媒体和电视媒体文化传播的不足。但在现实中，由于交换生们在留学期间参与当地文化交流活动的意愿不强，导致中也双方学生互相认识和交流的机会较少，加之部分交换生没有扩大社交圈的意识，文化交流的机会变得更小。例如，一些在中国的也门留学生，由于文化、宗教、饮食习惯等的特殊性，常常在校园外租房独自居住，与周围人沟通较少。这就导致他们缺乏与中国人的日常社交,难以深入了解中国文化。即使在中国居住很久,也不习惯中国食物,也不了解中国人的行为方式。即使有一天留学生毕业回国,当上汉语教师,在中华文化传播方面也存在障碍。

三、中文教育传播的路径及策略

目前,也门汉语言文化传播事业仍停留在初级阶段。通过分析造成上述不同类型的问题的原因,我们对如何在也门推广中文提出了以下策略。

一方面要结合实际情况调整中文教育的框架体系,充分发挥政府的职能作用。汉字是典型的非拼音文字,和也门的文字有非常大的不同,汉语和阿拉伯语所属不同语系,所以也门人学习起来会有很多困难需要克服。也门人学习汉语时可以选择建立自己的汉语框架或把它融入自身的语言体系。与此同时,还需考虑汉语和阿拉伯语之间的共性以及汉语的特性,这两点对于也门汉语言文化传播来说具有很重要的意义。也门应该把汉语言文化传播作为国家教育制度的一个基本内容和重要任务,实际上推广中文甚至促进中国文化在也门的传播对国家发展来说,毫无疑问将有较大帮助,应该受到应有的重视。以印度语的传播为例,在 1948 年印度的国际会议上,官方政府对印度语的传播、发展、使用做出了明确的政治性规定。印度的宪法认为联邦政府必须依照法律让印度语能够顺利地传播和发展。同时,还要让印度语成为传播印度民族文化的一种重要的工具。同理,我们也可以借鉴参考这种做法。

同时,应注重资源整合,实现内外结合。如果中国能整合并引导本国汉语言文化传播的相关资源向也门输送,便可以对也门当地的汉语言文化传播产生积极的影响。中国也可以在也门成立一些汉语言研究机构来促进汉语言文化在也门的传播。可以借鉴汉语言文化在其他国家传播的规律,制定汉语言文化传播的长期及短期策略,以及适合在也门传播汉语言文化的独特方式。同时可以着力研究汉语言文化传播的规律和发展方向,给也门本土汉语教师做培训,设计优秀的本土汉语教材,制订合理的教学计划。定期在中国及也门举行汉语言文化交流活动,充分发挥中也留学生在汉语言文化传播过程中的作用等。总之,汉语言文化在也门的传播需要以坚持世界文化传播交流原则为前提,充分整合中也两国的资源、发挥中也两国在汉语言文化传播中的作用,制定出多元的也门汉语言文化传播途径。

另一方面,要在鼓励支持两国民间组织的语言文化传播的同时,推进汉语教师的也门本土化建设。首先要借助民间组织这一具有高度社会特色的组织机构,以缩小外来语言与当地人民的距离,通过更为灵活的方式推广汉语。同时,合作方式也应更加多元化,多方齐心协力,可将更多好的思想融合,利己利他,加快推广发展。此外,多项研究及相关资料表明,民间组织的加入可有效避免意识形态间的高度差异性而引发的主观排斥和质疑,对汉语、中华文化及其价值理念的推广可以起到积极的作用。这一理念对于中也语言和文化的交流，汉语言文化向也门的传播同样适用。我们应在政策完善、资金、人员配备、信息推广等各个方面，均给予民间组织充分的支持和鼓励，以达到传播汉语言文化的事半功倍的效果。

此外，早在2007年，为了让汉语能够传播到全世界，提升汉语在全球的影响力，加快汉语言文化的传播，中国设置了汉语国际教育硕士专业学位。这不仅改革和完善了中国对外汉语教学培养体系，也适应新形势的变化，满足了国际上将汉语作为第二语言或外语进行教学的新需要。近几年，中国推出了"'一带一路'国家汉语国际教育专业硕士留学生本土汉语教师招聘项目"。但是即便如此，海外汉语教师资源缺少，仍然是阻碍汉语广泛传播的一个难题，所以需要推进也门本土教师的发展。对传播者本身而言，需要更专业的、水平更高的对外汉语教学工作者和更多的本土汉语教师来壮大师资队伍。对也门来说，在也门设立孔子学院的想法目前难以实现，而且中国国家汉办派遣的汉语教师工作周期较短，通常是2~3年。教师在个人素质和层次方面也存在很多问题。所以总体来说，较好的办法还是培养也门本土的汉语教师。也门需要解决也门本土汉语教师工资收入过低的问题，并且满足教师的其他现实需要。此外，还应建立海外汉语教学基金会，支持并扩大也门本土汉语教师在教学上的研究以及中也两国之间的文化沟通交流等。也门不仅需要高水平的中国汉语教师，更需要大量优秀的本土汉语传播者。也门相关部门如果能建立并完整也门本土汉语教师的鼓励机制，也许会取得不错的成效。

第六节 也门学生出国留学情况

一、也门学生国际流动现状

也门学生国际流动的现状可以从全球国际学生流动趋势中进行分析。根据联合国教科文组织的数据，全球高等教育阶段的国际学生人数，从2000年的211万人增至2021年的639万人。尽管2020年暴发的新冠疫情对国际学生流动造成了一定的影响，但国际流动的需求仍然持续存在。

对于发展中国家，尤其像也门这种不发达国家的学生，国际流动的需求非常明显。这些学生主要流向发达国家，如美国、英国、澳大利亚、德国和加拿大等，这些国家是也门学生的主要留学目的国。中国和印度是全球最大的国际学生来源国，但中国学生的国际流动规模增速不及印度等国。

特别地，中国学生国际流动的需求依然强劲，尽管海外留学规模尚未完全恢复至2019年的水平，但需求依旧旺盛，并在经历短暂波动后逐步恢复稳定。随着中国企业国际化步伐的加快和共建"一带一路"倡议的深入推进，留学人员环流趋势日渐明显，这可能对也门等国家的学生流动产生一定的影响和启示。

此外,“一带一路”共建国家的学生跨境流动呈现出明显的“地缘驱动”趋势,即共建国家间流动意愿不断增强,流动频率显著提高,已然打破了北美和西欧地区长期主导的全球留学教育市场格局。这表明,也门学生可能更倾向于选择邻近的、社会经济水平和高等教育质量较高的国家留学。

在新的复杂国际形势下,保障学生安全地开展国际流动,以及更好地发挥留学人员在人文交流与全球治理等方面的作用,是当前亟待解决的问题。建议建立与完善“平安留学”保障机制,全面发挥留学人员在人文交流方面的作用,并完善留学人员回国发展服务平台。

综上所述,也门学生国际流动的现状与全球趋势相吻合,表现为对国际教育的持续需求和向邻近及教育质量较高的国家流动的倾向。同时,随着国际合作的加强和政策的支持,也门学生的国际流动有望迎来更多的机会和保障。

二、也门学生出国留学意愿调查

针对也门学生的问卷调查中“也门留学生意愿调查”,这一部分共设有相关留学问题8道,获得有效问卷32份。该部分与第六部分“也门学生来华留学意愿”相配合,调查也门当前的留学情况以及来华留学情况,并综合起来对来华留学情况进行分析。

调查对象“身边出国留学的家人和朋友”数量在6个以上的比例达到43.75%,同时根据对也门“国家留学人员的多少”的调查,“很多”“一般”两项的占比达到88.00%,可知在也门留学情况较为普遍,出国留学的人较多。而在也门的出国留学类别中,如图4-4所示,因项目交流合作而获得留学机会的学生占比为31.25%,公派生占比为25.00%,交换生占比为31.25%。在“其他”选项中,提到了本题选项中未设置的“出国上大学”即自费留学的回答。综合来看,题中所设置的三个选项的比例相差不大且均有一定比重,同时也存在自费出国留学的情况,可知在也门学生留学的渠道与种类较为多样,学生可以通过多种方式获得出国留学的机会。

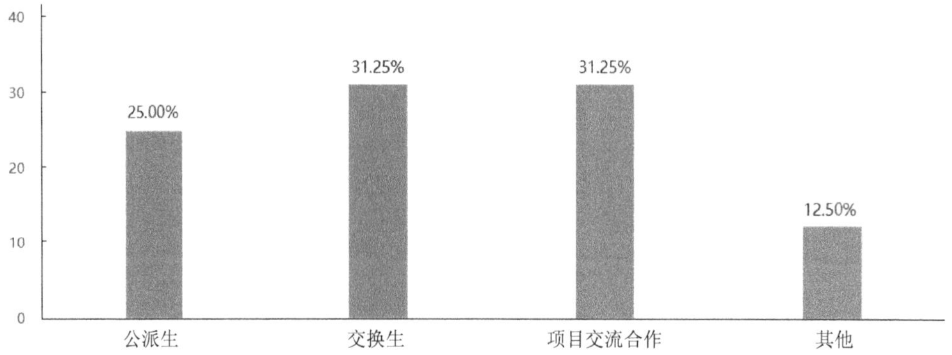

图4-4 “您的国家学生出国留学的主要类别是”调查结果

问卷还调查了留学生留学资金的主要来源情况与也门国家政府在政策上对学生出国留学的鼓励程度的情况。结果显示，也门学生出国留学的资金主要来源是奖学金与自费结合，占比为 50.00%。其中，主要来源为“奖学金”的占比为 43.75%，“全自费”的占比为 6.25%。分析占少数的全自费留学者及以奖学金为主要来源的留学者时，要考虑留学者自身的学习情况及获得奖学金资助资格情况。较为明显的是，也门对出国留学者是提供一定的资金支持的。但同时，较为普遍的“奖学金与自费相结合”与“奖学金”占比相差不大，可知获取奖学金的大多数留学生并不能完全依靠此项资金完成留学。这与政府对出国留学的鼓励情况大致吻合，共计有 93.75% 的调查对象认为也门政府鼓励学生出国留学，并会给予一定的资金支持；但这其中有 56.25% 的调查对象表示政府在资金上的支持力度并不是很大；甚至有 6.25% 的调查对象认为政府并没有给予资金支持。这与“全自费”情况一样，可能受到其他因素的影响。综上所述，也门政府会对留学生提供一定的资金支持，但是力度不够大，这也印证了也门留学生的资金来源一般是“奖学金与自费相结合”。最后，从也门出国留学人员主体角度对也门学生的出国留学相关情况进行调查，调查内容包括留学的主要原因、出国留学时的考虑因素以及留学目的国，结果如图 4-5 至图 4-8 所示。

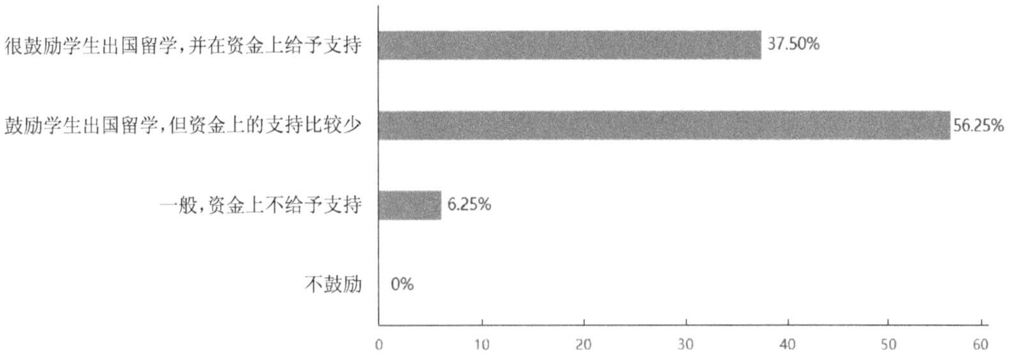

图 4-5 “您国家政府在政策上鼓励学生出国留学吗”调查结果

在留学原因（多选题）的调查中，共设置了“为了更好地了解其他国家政治经济文化”“为了给自己争取更多的发展机会”“留学目的国教育水平比自己国家好”“父母的要求”“为了学习留学目的国的语言”“国内社会环境很认可国外的学历”“国外吸引人才的政策”“国家人才的稀缺”“为了移民”“其他”共 10 个选项。结果显示，也门学生出国留学的主要原因依次为“为了给自己争取更多的发展机会”(87.50%)，“留学目的国教育水平比自己国家好”(68.75%)，“为了更好地了解其他国家政治经济文化”(56.25%)，“为了学习留学目的国的语言”(18.75%)，“国内社会环境很认可国外的学历”(18.75%)，“国家人才的稀缺”(6.25%)。而“国外吸引人才的政策”“父母的要求”“为了移民”“其他”选项未被选择。结合其他 6 个选项的内容，大致可以从几个方面分析这种情况。首先，留学生的留学选择更加注重自身的意愿，父母要求的强制性留学的情况并不常见。其次，也门学生更加注重自身兴趣、提升自身修为，如“为了学习留学目的国的语言”“为了更好地了解其他国家政治经济文化”；自身未来的发展规划，如“为了给自己争取更多的发展机会”；潜在的发展优势条件，如“留学目的国教育水平比自己国家好”“国家人才的稀缺”等。最后，大部分学生会综合考虑国内情况，从自身未来的学业和就业出发做出留学决策，这样的留学生则更倾向于回国发展，故而“国外吸引人才的政策”这种相对短期的留学考虑因素则会受到更多方面因素的挤压，但占比为零并不代表它一定不在考虑原因之列，只能说它可能并不会成为学生选择出国留学的主要原因。

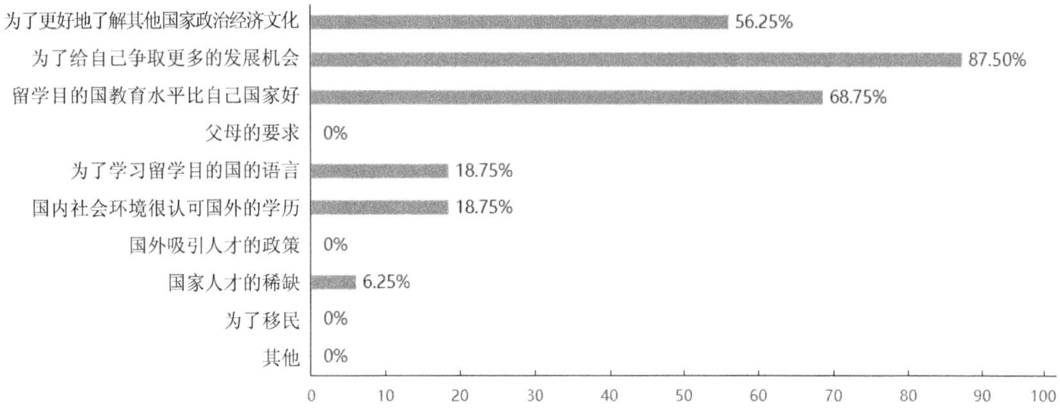

图 4-6 “您周围人出国留学的主要原因”调查结果

下面分析也门学生出国留学的主要考虑因素。

如图 4-7 所示，这些因素包括：“留学目的国的经济政治文化发展程度”（50.00%），“留学目的国的教育水平”（75.00%），“留学目的国的奖学金政策”（68.75%），“国内社会对留学目的国学历的认可程度”（50.00%），“留学目的国对自己职业发展的影响”（18.75%），除对职业发展的影响，各选项占比较为接近。但此 5 项都是出国留学时也门学生会重点考虑的因素，同时这也是许多学生选择出国留学的原因，两者是相互关联的。政治经济发展程度较高的发达国家一般教育水平较高，相比之下发展中国家的教育水平较低。选择去教育水平较高的国家留学，回国之后自身的素养对自身未来的职业发展会更有帮助，即在上文提到的潜在的发展优势条件。“留学目的国对自己职业发展的影响”“国内社会对留学目的国学历的认可程度”则是更为实际的考虑因素，更加直接地影响留学生未来的发展。有所不同的是，出国留学的原因主要是他国与本国的对比，而考虑因素则更多涉及除本国外其他国家之间的对比。“留学目的国的奖学金政策”与留学原因中的“国外吸引人才的政策”类似，但是在出国留学考虑因素中存在一个基础的假设即“留学”，这里的考虑则偏向于择优性，且留学目的国的奖学金还会涉及留学生在留学目的国的生活状况，即上文在留学主要资金来源中提到的“奖学金与自费相结合”，这些因素是相互关联的。最后，问卷对也门学生的出国留学目的国进行了调查，结果从多到少（忽略占比为零的项）依次为：中国（62.50%）、美国（50.00%）、德国（43.75%）、俄罗斯（31.25%）、沙特阿拉伯（25.00%）、英国（12.50%）、加拿大（12.50%）、其他（12.50%），如图 4-8 所示。

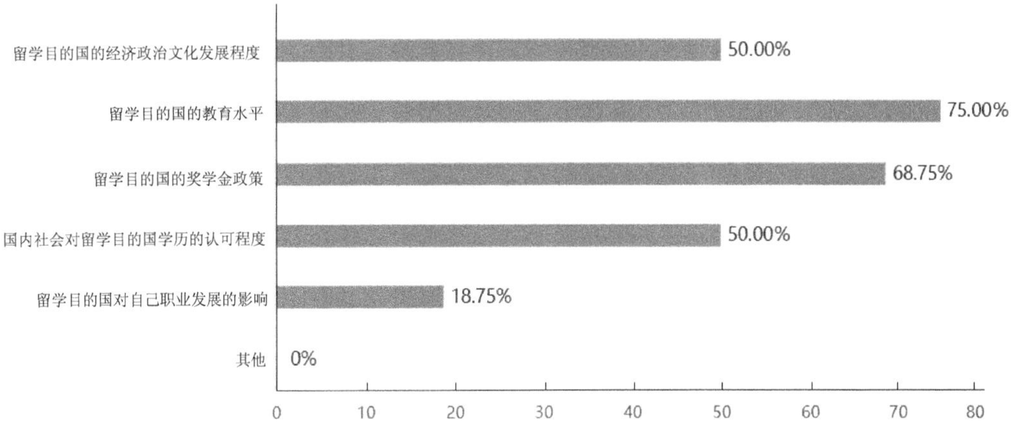

图 4-7　“您出国留学时主要考虑哪些因素”调查结果

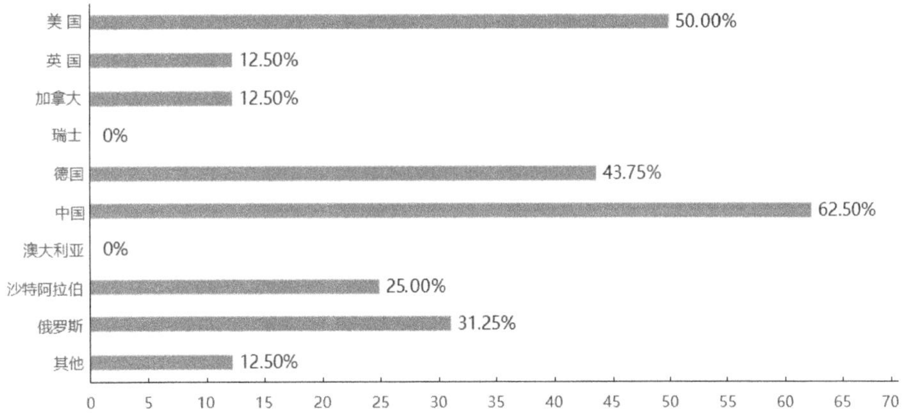

图 4-8　“如果出国留学您觉得哪些国家是您国学生留学首选国”调查结果

第七节　也门学生来华留学情况

随着中国经济的快速发展和国际影响力的提升，越来越多的外国学生愿意来中国留学，包括也门学生。也门留学生在华期间的整体适应状况良好，但在适应中国的气候、饮食、学校管理和规章制度等方面存在较大的问题。特别是当他们从中国的某个城市转移到另一个城市时，可能会感受到更强烈的孤独感和失落感。影响也门来华留学生跨文化适应的主要因素包括生活变化、文化距离、社会支持、期望值、知识与技能和跨文化经历。也门学生来华留学的现状是积极的，留学生人数增长迅速，学历层次和学科分布都在不断优化，但也门留学生也面临着跨文化适应的挑战。

这一部分的问卷主要设置了 7 个问题，对也门学生来华留学的意愿进行调查，并结合问卷，整体分析也门学生来华留学的意愿。首先，可以明确的是，也门学生中有一定数量具有来华留学意愿的学生。根据对调查对象身边家人和朋友来华留学意愿的调查，87.50% 的调查对象身边都有来华留学意愿的个体，其中有 4 个以上的比例高达 43.75%。对来华留学意愿的调查，可以从主客观两个角度进行分析。在主观层面，问卷设置了两个问题："您认为来中国留学在您的国家有吸引力吗？""您的国家人民对于来华留学的态度如何？"结果如图 4-9、图 4-10 所示。其中，认为来中国留学具有吸引力（很有吸引力、比较有吸引力）的占比总计有 81.25%，占绝对优势，可见中国对也门学生来说是具有较高的留学吸引力的。

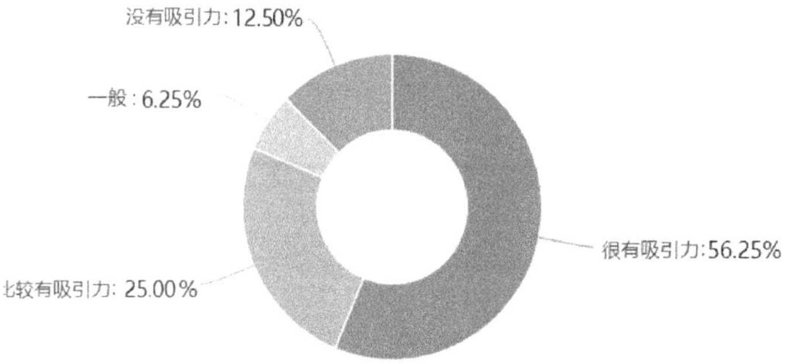

图 4-9 "您认为来中国留学在您的国家有吸引力吗"调查结果

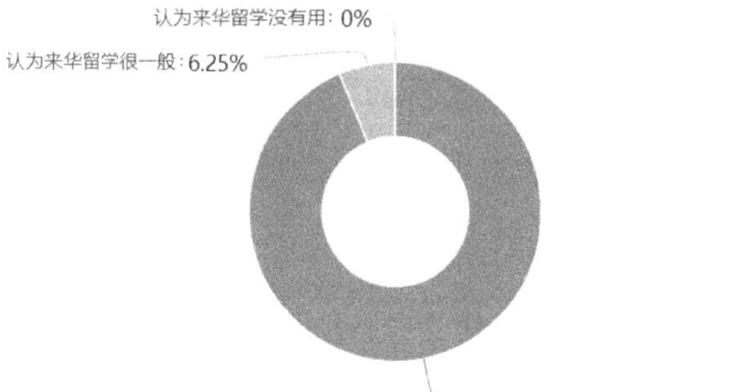

图 4-10 "您的国家人民对于来华留学的态度如何"调查结果

如果说留学吸引力是促使学生做出留学决策初始阶段的动因，那么来华留学是否有前途则是在进行阶段促进学生决定来华留学的重要因素。当一个国家具备在国际上吸引留学生的吸引力时，那么这个国家会被学生纳入留学备选选项中，即进入初始阶段。在这一阶段一定会有很多国家被列入备选范围，而在具体挑选留学目的国时，即进入进行阶段，到某国留学是否会对自己未来发展有益则是学生的重要考虑因素。在这一阶段，则需要调查也门学生对来华留学的态度，中性选项可能会受多方面因素的影响，因此暂不考虑。结果显示“认为来华留学很有前途”的占比高达 93.75%，而“认为来华留学没有用”的占比为零，很显然也门学生群体对待来华留学是很看好的。

另外，在客观方面，问卷调查考虑了也门国内的留学相关政策对学生来华留学的影响，设置了“国家政府在政策上鼓励学生去中国留学吗？”“国家对中国学历的认可程度怎么样？”两个问题。首先，在来华留学的国家政策上，同上一部分的问卷调查结果相似，“鼓励学生到中国留学，但资金上的支持比较少”的占比为 56.25%。虽然也门在政策上鼓励学生到中国留学，但是在资金上的支持力度不够。如此可见，其实也门对支持学生来中国留学，相对于其他国家，在政策上并无特殊鼓励政策，但这方面或许并没有对学生的选择产生较大的影响。此外，也门国内对中国学历的认可程度是较高的，其中除去“不太清楚”的 9.52%，其中“非常认可”和“比较认可”的比例共计为“61.90%”。而在上一部分的问卷调查中，也门学生在出国留学时考虑国内对国外学历的认可程度尚与其他因素的比例持平，但在出国原因的调查中“国内社会环境很认可国外的学历”却并不作为学生出国留学的主要推动原因。在这一问题上，我们认为学历的认可度的调查结果呈现仍与学生主体在挑选留学目的国的进行阶段有关。

在进行阶段，到某国留学对未来发展有益是重要考虑因素，其中学历认可度是非常关键的，如果也门的学生来华留学后所获得的学历在其国内没有较高的认可度，那么留学所耗费的时间和金钱都无法更为直接地为未来的发展提供助力（自身素质的提高除外）。故而在初始阶段，即做出留学决策时，考虑更多的是与主体本身利益相关的、目的性较高的某些因素，如给自己争取更多的发展机会、他国教育条件、奖学金政策、学习他国语言、对他国政治经济文化感兴趣等。而在挑选留学目的国的阶段，则需要考虑的是未来发展，以及留学目的国和自己国家在教育上的相互关系，如学历认可度、国家缺少人才、发展前景、政策环境等。当然这两个阶段并不是独立的，一定是紧密联系、需要学生主体综合考虑的，都会在学生做出出国留学决策时产生一定影响。在此只是根据呈现的数据进行一定的假设分析。故而对中国的学历在也门认可度的调查是具有一定意义的，而也门对中国学历较高的认可度将会推动学生选择来中国留学。

为了具体细化也门学生来华留学的原因，在问卷中设置了“喜欢中国历史文化”“想学习中文”“中国对留学生的政策比较好”“中国高等教育水平比国内高”“为了毕业以后留在中国工作”“为了移民到中国”“国内社会环境对中国高校学历很认可”。结果显示,除了“国内社会环境对中国高校学历很认可”只有6.25%、“为了移民到中国”选项占比为零外,其他选项的占比均超过40%,说明也门对我国高校学历的认可程度仍不是很高。具体调查数据如图4-11所示。

如图4-11所示各项占比如下:“中国高等教育水平比国内好”为68.75%、“中国对留学生的政策比较好”为56.25%、“喜欢中国历史文化”为43.75%、“想学习中文”为43.75%、“国内社会环境对中国高校学历很认可”为6.25%、“为了移民到中国”为零。此部分的数据分析结合前面两部分的问卷数据,可知“想学习中文”是也门学生选择来华留学的重要原因,此外一些重要原因是“中国高等教育水平比也门高”“中国留学生的政策比较好”“喜欢中国历史文化”。其中,“为了移民到中国”的占比为零,与出国留学意愿及来华留学意愿调查中的数据一致。学生学习中文大多出于个人兴趣或是为了未来更好地发展,而也门的中文教育事业目前虽处在蓬勃发展中,但是仍然存在很多问题,如课程开设不足及相关机构数量较少。且相比于中国本土的中文教学,也门国内的中文教学仍有许多不足,如教师中文知识素养不高、语言交际环境缺少等。来中国留学不仅可以满足学生学习中文的需求,同时还能享受中也双方的资金支持以及相关鼓励政策。无论是在学历认可度、未来前景等方面,还是从来华留学学习中文的角度出发,来华留学都是学生未来发展不错的选择。

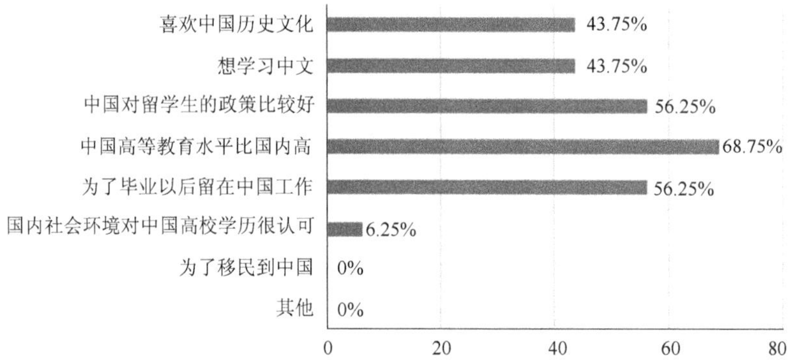

图4-11 “您周围朋友选择来华留学的主要原因”调查结果

问卷最后也对也门学生认为来华留学最大的困难做出调查,共设置了6个选项。结果显示,“留学申请程序繁多复杂”成为阻碍也门学生来华留学的最大障碍。其他具体数据如图4-12所示。

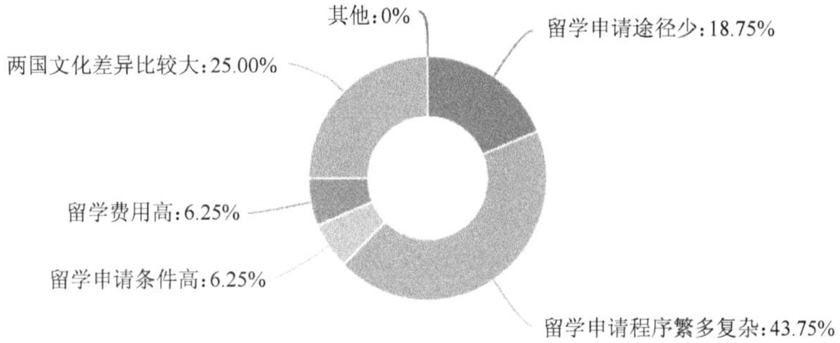

图 4-12　“您认为您的国家学生来华留学最大的困难是什么”调查结果

参考文献

中文部分

著作类：

[1]　马利章．走进也门阿拉伯文化研究 [M]. 北京：民族出版社，2003.

[2]　吴瑛．孔子学院与中国文化的国际传播 [M]．杭州：浙江大学出版社，2013．

[3]　吴应辉．汉语国际传播研究 [M]. 北京：商务印书馆，2014.

[4]　张进海，段庆林，王林聪．中阿蓝皮书：中国 - 阿拉伯国家经贸关系发展报告 [M]. 银川：宁夏人民出版社，2015.

期刊类：

[1]　韩健梁．也门教育技术发展状况 [J]. 外语电化教学，1991（3）：8-11.

[2]　赵培森．发展中的也门高等教育 [J]. 比较教育研究，1988（5）：12-15.

[3]　陈万里．关于也门教育发展战略的实施 [J]. 阿拉伯世界，1994（2）：61-64.

[4]　周顺贤．90 年代的也门教育事业 [J]. 阿拉伯世界，1995（2）：54-55.

[5]　王庆玲，柏川．也门共和国的高等教育 [J]. 现代教育科学，2010（9）：44-47.

[6]　蒲瑶，唐彬君．部落视阈下的也门历史与政治 [J]. 中东问题研究，2016（2）：137-158，234.

[7]　苏瑛．也门萨拉菲运动的发展演变、特点及政治影响探究 [J]. 西亚非洲，2015（1）：57-72.

[8]　苏瑛，黄民兴．国家治理视阈下的也门地方主义探究 [J]. 西亚非洲，2017（2）：130-146.

[9]　李宁，张勇刚，郜中星，等．来华留学研究生教育培养方式研究 [J]. 学周刊，2018（34）：23-24.

[10]　王光耀，战丽彬，王兴华．引导来华留学研究生适应中国语言文化的探索与实践 [J].

现代教育科学，2019（10）：108-111.

[11] 张曦，周睿婧．留学生跨文化适应的整合交际理论及其创新与启示[J]. 扬州大学学报（高教研究版），2019（4）：22-28.

[12] 赵培森．阿拉伯也门师范教育综述[J]. 阿拉伯世界，1987(1):7-11.

学位论文类：

[1] 刘彦清．来华也门留学生跨文化适应研究[D]. 太原：山西大学，2016.

[2] 权姗姗．来华留学生跨文化适应问题及其对策研究：以W大学为例[D]. 武汉：武汉理工大学，2017.

[3] 萨玛（Omar）. 也门来华留学研究生学术适应研究[D]. 上海：上海师范大学，2023.

[4] 萨玛（Omar）. 中国和也门大学招生录取制度比较研究[D]. 沈阳：东北大学，2016.

[5] 阿卜杜勒•哈迪．中国与也门高等教育管理体制若干问题比较研究[D]. 长春：东北师范大学，2004.

外文部分

期刊类：

[1] ZAKHAM F ,VAPALAHTI O. Education and research are essential for lasting peace in Yemen[J].The Lancet，2020，395（10230）：1114.